쉽게 읽는 퇴계의 성학십도

한국철학총서 23
쉽게 읽는 퇴계의 성학십도

지은이   최재목
펴낸이   오정혜
펴낸곳   예문서원

편집/교정   명지연
인 쇄   상지사
제 책   상지사

초판 1쇄   2004년 12월 28일
초판 2쇄   2007년 2월 10일

주 소   서울시 동대문구 용두2동 764-1 송현빌딩 302호
출판등록   1993. 1. 7 제5-343호
전화번호   925-5913~4 · 929-2284 / 팩시밀리   929-2285
Homesite   http://www.yemoon.com
E-mail   yemoonsw@unitel.co.kr

ISBN 89-7646-192-4 03150

YEMOONSEOWON 764-1 Yongdu 2-Dong, Dongdaemun-Gu Seoul KOREA 130-824
Tel) 02-925-5914, 02-929-2284 Fax) 02-929-2285

값 7,000원

한국철학총서 23

쉽게 읽는 퇴계의 성학십도

최재목 지음

예문서원

▌ 머리말

한국의 성리학을 대표할 수 있는 사상가 퇴계退溪 이황李滉(1501~1570)의 『성학십도聖學十圖』는 그의 사상의 종합적인 면모를 반영한 핵심적인 저작으로 평가되어 왔다.

『성학십도』는 퇴계가 그의 만년(68세)에 당시 17세인 선조를 위하여 자신의 학문적 경지를 10개의 도圖와 해설(說)로써 집약하여 제시한 것이다. 이것은 그 구성상 이전의 신유학자新儒學者(Neo-Confucian)들의 도圖와 설說을 사용한 것이지만 엄연히 퇴계의 사상적 입장이 집약적으로 반영된 저작이다. 또한 『성학십도』에서 말하는 '성학聖學'은 그 대상이 군주에게만 국한된 것이 아니었다. 유학에 발을 들여놓은 모든 사람에게 해당되는 것이라 할 수 있다.

『성학십도』에는 '나는 어디서 왔는가?', '나는 누구인가', '나는 어떻게 살아야 하는가?'에 대한, 말하자면 오늘날에도 통용될 수 있는 인간의 본원과 희망에 관련된 깊이 있는 이야기가 가득하다. 더욱이 『성학십도』에 소개된 내용들은 대부분 많은 학자들이 오랜 사색과 학문적 경험을 통하여 개별적으로 설파해 온 것들이다. 이런 개별적인 동아시아 근세의 신유학 이론들이 한국의 퇴계라는 지성에 이르러 체계적으로 종합되어 논의된 것은 우리의 학술사, 나아가서는 동아시아 지성사에 있어서 대단히 큰 의미를 갖는다. 차근차근 시간을 두고 음미해 가다 보면 자신의 삶이 보다 넓어지고 깊어짐을 느낄 수 있을 것이며, 타자와 세계를 바라보는 안목 또한 경박해지지 않음을 깨닫게 될 것이다.

참고로 이 책은 다음의 4부로 구성되어 있다.

제1부: 유교의 땅 한국, 그리고 퇴계
제2부: 퇴계의 『성학십도』 편집과 그 의의

제3부: 『성학십도』의 내용(1) — 기본 설계도의 이해

제4부: 『성학십도』의 내용(2) — 각 도에 대한 설명

사실 이 책은 몇 해 전 학부 및 대학원의 신유학新儒學 관련 수업에서 『성학십도』를 강의하고 그 결과를 정리한 것이다. 그런데 강의를 통해서 알게 된 것은, 퇴계 사상을 이해하는 데 필수적인 『성학십도』는 학생들이 혼자 읽기에는 참 어려운 고전古典이라는 점이다. 하물며 철학 사상에 대한 이해가 부족한 일반인들은 더더욱 그럴 것이다.

따라서 이 책은, 어떻게 하면 비전공 학생들은 물론 일반인들이 『성학십도』를 '좀 쉽게 이해할 수 있을까'라는 기본 문제 의식에서 씌어졌다. 그런 만큼 이 책은 논문 혹은 체계적 이론서와는 좀 거리가 멀고, 당연히 『성학십도』의 내용에 대한 상세한 주해나 유학적 내용에 대한 고증은 생략될 수밖에 없었다. 대신에 퇴계가 각 도를 통해 말하고자 했던 본질적 의미를 현대적 입장에서 풀이하는 데에 중점을 둔 탓에 이해를 돕기 위한 도표나 사진이 다수 삽입되었다. 이렇게 해서라도 일반인들이 『성학십도』에 많은 흥미를 갖는다면 다행이다.

그런데 필자의 식견이 좁고 글솜씨가 부족하여 피상적인 서술에 그쳐, 퇴계의 학문에 크게 누가 되는 것은 아닌가 하는 두려움이 앞선다. 부족한 점에 대해서는 앞으로 과제로 삼아 더욱 보완해 갈 생각이다.

끝으로 이 책의 집필을 후원해 주신 <국제퇴계학회 대구·경북지부>에 깊은 감사를 드린다. 아울러 별로 상업성이 없을 이 책을 흔쾌히 출판해 주신 예문서원에도 감사드린다.

2004. 12. 1

대구 고산孤山 시지동時至洞에서 지은이 쓰다

제1부
유교의 땅 한국, 그리고 퇴계

'서당 개 3년이면 풍월 읊는다!' — 유교의 땅에서 산다는 것

거리에 나가 길을 걸어가는 사람들 아무나 붙들고 "유교儒教가 뭡니까?"라고 물으면, 모르긴 해도 한국 사람이면 누구나 무슨 말이든 한두 마디씩은 할 수 있을 것이다. 우리는 이미 유교의 본바탕에서 보고 듣고 살아오고 있으니 이런 환경적 요인을 무시할 수 없을 것이다.

우리 속담에 "서당 개 3년이면 풍월風月을 읊는다"고 한다. 이것을 한자 숙어로는 '당구삼년폐풍월堂狗三年吠風月' 혹은 줄여서 '당구풍월堂狗風月'이라고 한다. 옛사람들은 '멋'이란 말 대신 풍류風流라는 말을 사용했다. '멋을 안다'는 말과 '풍류를 안다'는 말은 거의 같은 뜻을 가지고 있었다. 물론 풍류의 기본은 음풍농월吟風弄月로 되어 있다. '풍월을 읊는다'는 말도 여기서 나온 것 같다. '풍월'이란 원래 자연 풍경의 대명사로 쓰였고, 그것이 좀 바뀌어 자연을 즐기고 속기俗氣를 벗어난다는 뜻을 포함하게 된다. 사전에서는 음풍농월을 "맑은 바람과 밝은 달에 대하여 시詩를 짓고 즐겁게 노는 것"이라 풀이하고 있다.

최근에는 "스쿨 도그 쓰리 이어 풍월 사운드"[1]라는 우스갯소리도 만들어졌다. 이외에도 '○○○ 삼 년이면 ○○ 읊는다' 식의 표현은 많다. "동두천 개 3년이면 팝송을 듣는다", "식당 개 3년이면 라면을 끓인다", "역전驛前 개 3년이면 기적 소리 낸다"고도 한다. 하여튼 이런 류의 속담은 '아무리 어리석고 재주가 없는 사람이라도 항상 보고 듣고 하면 자연히 할 줄 알게 된다', '무식한 이도 유식한 사람과 지내다 보면 자연히 견문見聞이 넓어지게 된다'는 뜻이다. 이 무슨 말인가? '어디서 무엇을 하면서 노는가?'의 중요성, 즉 노는 환경이나 장소의 소중함을

---

1) http://angmane.x-y.net/white/board/cat.php?data=funny&board_group=D3f287ac12bf3에
   서 인용.

새삼 일깨워 주는 대목이다.

이렇게 보면 우리가 유교의 본고장에서 자랐다는 것은 유교적 앎(知)과 삶을 터득한다는 측면에서 큰 장점이기도 하다. 특히 한국인 혹은 동양인으로서 서구 사회에 유학하여 철학 사상이나 인문학 쪽의 연구를 하는 사람 가운데 유교 학자가 많은 것도 이러한 장점을 충분히 잘 살린 경우일 것이다.

유교는 '힘'인가 '짐'인가?

잘 알고 있듯이 우리 나라는 유교 문화권에 속한다. 우리 민족의 정체성正體性을 거론할 경우 반드시 유교에 대한 논의를 거치지 않을 수 없다. 왜냐하면 그것을 떠나서는 깊은 논의가 진행되지 않을 정도로 유교는 우리의 전통적인 가치관 및 문화 의식에 크게 영향을 끼쳐 왔기 때문이다. 뿐만 아니라 그것은 우리의 언어, 관습, 규범 속에 깊이 침전되어 있다.

그러나 근대적 전환기에서의 유교적 전통은 폐쇄적이고 보수적인 입장을 고수하여 복잡다단한 사회의 변화에 능동적 대응을 하지 못하였다. 이에 서구의 근대 문물을 수용하는 개화 사상 및 산업화를 추구하는 근대화 과정에서 전통적 가치관은 봉건적이요 전근대적이라는 전반적인 비판과 버림을 받았다. 우리의 유교적 전통은 '힘'이라기보다는 오히려 '짐'으로서 버리고 떠나야 할 대상으로 인식되었던 것이다.

요즈음도 걸핏하면 "유교적 전통 때문에……하다"는 핑계 섞인 불만이나 "유교적 전통은 끝났다", "요즘같이 신세대가 설치고 과학 기술이 지배하는 시대에 무슨 고리타분한 유교냐?"라는 식의 조롱 투의 말과 생각들이 허다함을 알 수 있다. 이는 유교 전통이 우리 사회에서 '힘'으로서 기능하기를 그만두었거나 거추장스런 '짐'으로서밖에 남아 있지 않음을 보여 주는 것이다.

유儒, 유가儒家, 유학儒學, 유교儒敎

잠시 여기서 유儒, 유가儒家, 유학儒學, 유교儒敎라는 개념을 정리해 두고 넘어가자.

중국 고대 사회에 '유儒'라고 하면, 종래 여러 설이 있어 왔으나, 보통 세속과 사회에서 필수적인 '예禮'를 잘 알고 이를 관장하는 무리로 이른바 공자학파의 모체가 되는 전문직 지식인 계층을 말한다. '유儒'라는 글자를 풀이해 보면 사람 '인亻' 변에 필수(필요)의 '수需' 자를 합한 것이다. 이 뜻만으로도 '유' 계층은 세상을 살아가는 데 있어서 필요한, 필수적인 사람들임을 알 수 있다. 이들이 사람의 일생에 있어서 가장 기초적인 중요한 것들, 즉 삶(生)과 죽음(死)에서 일어나는 출생식, 성인식, 결혼식, 장례식과 같은 일상의 습속과 예식(人倫, 大倫) 등등의 사회적인 룰을 관장하는 계층이라면 당연한 일이 아니겠는가?

'유가儒家'라는 말은 전국 시대의 도가, 묵가, 법가 등과 대비되는 용법이다. 다시 말해서 다른 학파와 대립 개념으로서 사용되기 시작한 말이다. 즉 한대漢代 초기의 유가는 극히 정치적인 색채를 띤 도가道家, 이른바 황노학파黃老學派와 대립하였다. 하지만 무제武帝가 유교를 국교國敎로 정한 이후에는 유가와 대등하게 겨룰 수 있는 사상 집단은 존재하지 않게 되었다. 후한 말 동란의 발생으로 분열기에 접어들면서 유가는 다시 노장 사상, 불교 사상과 대립하게 된다. 이로 인해 유가는 크게 빛을 발하지 못하다가, 당대 중기부터 다시 각광을 받게 된다. 이후 송대를 거치며 불교와의 대항 관계에서 벗어난 유가는 인간을 사회적 존재, 즉 수신修身·제가齊家·치국治國·평천하平天下를 실현해야 할 존재로 파악하면서 유가 본연의 자세를 깨닫게 된다.

'유학儒學'이란 말은 유교의 전통적인 고전古典을 공부한다(탐구한다)는 성격이 짙다. '학學'이란 말에는 합리성, 객관성, 논리성, 체계성 등의 뜻이 함축되어 있다. 다시 말하면 그것은 고전, 즉 연구 학습의 대상으로 삼는 문헌이 진리(道) 그 자체임을 전제, 인정하고 나서 성립한 것이다. 여기서 유학이라는 말에는 '종교적'인 의미보다는 성현의 진리를 담고 있는 문헌을 연구·학습한다는 학문성의 의미가 강하다. 우리 나라에서는 보통 유교라는 말보다는 유학이라는 말을 많이 쓴다. 그러나 성균관을 중심으로, 혹은 민간에서 유학을 유교와 동일시하여 종교로서 보려는 움직임이 있는 것도 사실이다.

마지막으로 '유교儒教'라는 말은 '유儒의 가르침(教)'을 뜻한다. 여기서 '교'는 윤리적·정치적 규범 혹은 교설·교리의 뜻을 나타내는데, 다소 사람들을 계몽하는(억누르는) 듯한 느낌을 준다. 또 다른 의미의 '교'는 공자를 중심에 둔 '종교적'(종교가 아니고) 성격을 풍긴다. 사실 한대漢代의 유교는 신비적이고 주술적인 성격이 강했기 때문에 일시적으로 '종교화되었다' 또는 '종교였다'고 해도 지나치지 않다. 한국이나 일본에서는 보통 유교라는 말을 많이 쓰지만, 이 경우에도 주로 유교의 가르침을 뜻한다. 그러나 중국에서는 이 의미를 포함하면서도 유교의 종교화 쪽으로의 해석 경향이 강하다.

신유학, 성리학, 주자학

여기서 한 가지 더 개념 정리를 하고 넘어갈 것이 있다. 신유학新儒學 (Neo-Confucianism), 성리학性理學, 주자학朱子學 등의 개념이다.

공자를 시조로 하는 유학은 춘추 전국 시대에는 제자백가 중의 한 학문 분파에 불과했다. 그러나 마침내 그 제자들 및 그 학파에 의해 심화 집대성되어 학문 체계를 갖추었다가 한漢대에 와서 비로소 정치의 이념과 실제를 지도하는 관학이 된다. 한대 이후는 불교佛敎나 노장老莊 사상이 시대의 사조를 리드했다. 그러다가 당唐대 중기부터 불교를 의식하여 유학이 부흥하기 시작하여 송宋 왕조에 이르러서는 다시 활발하게 된다. 정치 이념으로서, 실학으로서, 또 형이상학적인 학문으로서 크게 심화된 것이다.

그리고 후한後漢 때 수입된 불교 사상은 널리 유포되어 남북조南北朝를 거쳐서 수당隋唐에 이르기까지 중국 정신사의 주류를 이룬다. 그러나 당말唐末에 이르러서는 중국 전통 사상에 회귀하려는 중국인의 에토스(ethos)가 점차로 눈뜨게 된다. 불교는 애당초 천하국가天下國家를 다스리는 치인治人의 입장이 아니다. 개개인이 불교의 진리(불법)를 깨달아 부처가 된다고 하는 이른바 개인적 삶의 구원을 목표로 하는 종교적 차원에 서 있다. 그래서 사회적 현실의 정치적 관심과 거리가 다소 멀었고, 천하 국가의 정치·경제적 문제에는 무관심할 수밖에 없었다. 한유韓愈와 이고李翶라는 사람이 등장함으로써 불교의 고도의 논리 사유에 대항하기 위한 유학 측의 본격적인 노력이 이루어진 셈이다.

신新 (Neo)	도교와 불교의 사유와 논리를 비판적으로 흡수하여 종래의 유학과 다른 '새로운' 면과 특질, 체계를 지닌다는 뜻.
유학儒學 (Confucianism)	전통유학, 즉 송대 이전의 선진先秦과 한당漢唐의 공맹유학孔孟儒學을 말함.

'신유학'이란 이러한 새로운 흐름으로서 형성된 유학을 말한다. 그리고 이렇게 신유학을 만들어 간 사람들을 '신유가新儒家'(Neo-Confucian)라고 부른다. 신유학, 신유가란 말은 서구의 중국연구가(sinologist)가 부르는 보편화된 용어이다. 한·중·일 삼국에서는 보통 송학宋學, 송명리학宋明理學, 송명성리학宋明性理學이라는 용어에 더 친숙하다. 원래 '신유학'(Neo-Confucianism)이라는 말은 장군매張君勱(Carsun Chang, 1887~1969)가 송명리학을 서양에 소개하면서 비롯되었다고 한다.

참고로 장군매는 웅십력熊十力(1884~1968), 양수명梁漱溟(1893~1988), 전목錢穆(1895~1990), 풍우란馮友蘭(1895~1990), 방동미方東美(1899~1976), 서복관徐復觀(1903~1983), 당군의唐君毅(1909~1976), 모종삼牟宗三(1909~1996) 등과 더불어 '현대 신유가'로 불린다. 이들의 대부분은 예컨대 플라톤, 아리스토텔레스 그리고 칸트, 베르그송 등 서양 철학자의 사유에 바탕하여 중국 철학과 중화 사상의 우월성을 추출, 재해석해 낸다는 점에서 '격의格義'(유사한 다른 개념에 기대어 그 사상적 내용과 본질을 밝히려 함) 중국 철학자라 할 수 있다.

그런데 신유학이라는 개념은 매우 포괄적인 의미로 사용되기도 한다. 당나라 말기에 불교를 비판하면서 성립한 일단의 계몽적 유학인 한유와 이고의 유학에서부터 시작하여 성리학을 중심으로 한 송대 유학 즉 리학理學적 경향, 명대 유학 즉 심학心學적 경향, 심지어는 청나라와 현대 중국에 이르기까지의 모든 비슷한 경향성의 유학을 지시하는 명칭으로도 사용된다.

다만 '신유가'와 '현대(modern) 신유가'를 구별하고, 또한 현재 구미에서 중화의 부활을 꿈꾸며 일종의 유교 전도사로서 활동하고 있는 '현대 신유가'의 후예들, 예컨대 두유명杜維明(Tu weiming), 여영시余英時(Yu yingshi) 등과 같은 사람들을 '현대 신유가'(Modern Neo-Confucian)와 구별하여 '당대 신유가'(Contemporary New Confucian)라 부르기도 한다.

기타 신유학 관련 용어를 정리하면 다음과 같다.

① 성리학性理學: 정주程朱의 리학理學을 가리키며, 정이程頤(호는 伊川)의 "성은 곧 리理이다"(性卽理也)라는 말에 근거하고, 육구연陸九淵(호는 象山), 왕수인王守仁(호는 陽明)의 "마음은 곧 리이다"(心卽理也)의 설과 구별된다. 그래서 청대의 유학자(淸儒)들은 성리지학性理之學이란 말로 정주의 리학理學을 호칭하였다. 성명의리性命義理의 학學2)의 약칭이라 볼 수도 있다. 당연히 한당漢唐의 훈고주석訓詁註釋의 전통(전통적인 주석을 연구하는 것)과 달리 경전 속에서 인간의 올바른 이치 즉 의리義理(무엇을 해야 하는가, 어떻게 살아야 하는가)를 찾게 된다.

② 도학道學: 이 말은『송사宋史』권427, 「도학전道學傳」의 첫머리에 보인다. 송대 성리학이 공맹의 도의 올바른 계통, 즉 도통道統(유학 정통의 도, 傳道正統)을 계승하였다고 자처하므로 도학道學이라고 한다.

③ 리학理學: 이 말은 원말元末의 장구소張九韶가 처음 사용하였다. 그는 주돈이(호는 濂溪), 장재(호는 橫渠), 소옹(호는 康節) 및 이정二程(정이와 정호), 주희의 말을 편집하고 순자荀子 이하 수십 명의 설을 보충하고

---

2)『중용中庸』제1장의 "하늘이 명령한 것 이것을 성이라 한다"(天命之謂性)에서 유래하였다.

또 자신의 견해를 덧붙여 천지天地·귀신鬼神·인물人物·성명性命 등 등의 문제를 두루 논하여 리학류편理學類編이라고 불렀다.

④ 주자학朱子學: 주희에 의해 집대성된 학문이다(陽明學과 대비된다).

⑤ 정주학程朱學: 북송의 다섯 선생(北宋五子)[3] 중에서 주희가 이정 형제(정호와 정이, 특히 여기서 정이를 많이 계승)의 '성즉리'의 입장을 계승하면서 그의 학문을 체계화하였다는 의미에서 말해진다(陸王學과 대비된다).

북송오자 및 남송, 명대 주요 사상가들의 생몰 연대는 아래와 같다.

■ 북송오자　　소옹邵雍(號/康節,　字/堯夫: 1011~1077) 　　　　　　　주돈이周惇頤(號/濂溪,　字/茂叔: 1017~1073) 　　　　　　　장재張載(號/橫渠,　字/子厚: 1020~1077) 　　　　　　　정호程顥(號/明道,　字/伯淳: 1032~1085) 　　　　　　　정이程頤(號/伊川,　字/正叔: 1033~1107 혹은 1108) 　　　　　　　　　　　⇩ ■ 남송　　　　주희朱熹(號/晦庵,　字/元晦(仲晦): 1130~1200) 　　　　　　　　　　　⇕ ■ 남송　　　　육구연陸九淵(號/象山,　字/子靜: 1139~1192) 　　　　　　　　　　　⇩ ■ 명대　　　　왕수인王守仁(號/陽明,　字/伯安:1472-1528)

⑥ 송학宋學: 송宋이라는 시대에 이룩된 학문. 즉 북송의 다섯 사상가(北宋五子)의 사상이 남송南宋의 주희에 의해 집대성되는데, 이러한 학문

---

3) 소옹을 빼고 북송사자北宋四子라 하기도 한다. 『근사록近思錄』에서도 소옹은 빠져 있다.

을 지칭한다.

⑦ 기타 신유학에 포괄되는 개념

• 염락관민濂洛關閩의 학學: '염계濂溪'의 주돈이, '낙양洛陽'의 정호와 정이(二程), '관중關中'의 장재, 이른바 4자四子와 '민중閩中'의 주희가 제창한 유교, 곧 정주학, 송학을 말한다.

• 이외에도 송명리학宋明理學, 송명성리학宋明性理學, 리기학理氣學, 육왕학陸王學, 양명학陽明學, 심학心學 등의 용어가 있다.

지금 우리에게 유교는 무엇인가

우리의 유교 전통에 대해 비판을 하든 옹호를 하든 간에 아직도 우리 사회 도처에 어떤 형태로든 유교 전통이 남아 있다는 '사실'을 부정할 사람은 아무도 없다. 가까운 일본인들은 한국을 가리켜 서슴없이 '유교의 나라'라는 말을 쓰기도 하며 중국에서도 '현대의 유교 국가'라 부르기도 한다. 마찬가지로 서양인들도 한국을 비롯한 태평양 서안西岸의 여러 나라에 있어서 유교는 단순한 역사적 존재나 골동품이 아니라 두드러진 경제적 번영을 이루는 추진력의 일부로 보고 있다. 그들은 이 지역의 나라들에는 가정, 기업, 공장, 학교 그리고 교육, 경제, 사회 생활 등에서 유교적 가치관이 뚜렷이 남아 있으며, 과거에 공자가 탐구했던 것과 같이 질서 있는 사회, 자연과 인간의 균형, 친절, 자애, 정직, 성실이 아직도 힘을 지니고 있다고 본다. 다시 말하면 한국에는—싫든 좋든 간에—아직도 유교적 예법禮法과 의식儀式, 관념이 뿌리깊게 남아 한국인의 문화와 의식 구조 면에서 어떤 형태로든 기능하며 사회적 성장과 발전의 힘이 되고 있다는 것이다. 아마도 수백 년 동안 지탱되던 전통이 하루아침에 종이호랑이로 변했다고 보는 것은 성급한 단정이 아닐까?

그러나 수백 년 동안 우리 나라의 정신적 문화적 전통을 지탱해 온 유교가 하루아침에 종이호랑이가 될 리는 없겠지만 그렇다고 유교가 옛날의 모습 그대로일 수도 없다.

유교, 그것은 지금 우리에게 무엇인가? 이것은 우리에게 지속되는 큰 질문 중의 하나이다.

우리의 전통 형성에 커다란 영향을 끼친 유교를 살펴보는 것은 우리의 문화적 정체성을 읽어 내는 중요한 방법이기도 하다. 그렇다 해도 '하필 지금 유교인가?', '유교라는 고전古典은 현대를 살아가는 우리에게 과연 무엇인가?' 등등의 물음과 그에 대한 우리 스스로의 답변은 결국 '나는 누구인가?'라는 문제와 깊이 관련된다. 다시 말하면 유교 읽기는 궁극적으로 '나의 자기 해석'에 다름 아닌 것이다.

우리가 이 '유교'를 공부하는 동안 그것은 우리에게 이렇게 다그치고 있는지도 모른다. '네가 진실로 나(유교)를 아는가?', '그래, 그래서 어쨌단 말인가?', 이런 물음들을 거듭해 가면서 우리가 갖는 유교에 대한 '애정'과 '거리'는 유교와 현대와의 대화를 성숙시켜 줄 것이다.

유교의 나라 한국, 그리고 성인 퇴계

우리의 유교 전통에 대해 비판을 하든 옹호를 하든 간에, 아직도 우리 사회 도처에는 어떤 형태로든 유교가 남아 있다. 이 '사실'을 부정할 사람은 아무도 없다.

마찬가지로 서양인들도 한국을 비롯한 태평양 서안西岸의 여러 나라에서 유교가 박물관의 진열장에나 들어 있을 법한 단순한 역사적 골동품 혹은 박제가 아니라는 것을 잘 알고 있다. 아니, 유교는 분명 아시아의 두드러진 경제적 번영의 배후에 커다란 추진력을 가져다 준 장본인이라고 진단해 왔다. 다시 말해서 그들은 이 지역의 나라에는 가정, 기업, 공장, 학교 그리고 교육, 경제, 사회 생활 등에서 유교적 가치관이 여전히 뚜렷하게 남아 있으며, 과거에 공자가 탐구했던 것과 같이 질서 있는 사회, 자연과 인간의 균형, 친절, 자애, 정직, 성실이 아직도 힘을 발휘하고 있다고 본다.

지금으로부터 15, 6년 전 내가 일본에서 유학을 하고 있을 때의 일이다. 그때 나는 도쿄(東京)에서 열린 국제회의에 참석을 했었다. 마침 연회장에서 만난 중국 고대 사상 연구로 잘 알려진 가나야 오사무(金谷治)는 한국 유학생인 나를 보더니만 "유교의 나라

천 원권 지폐 앞면에는 퇴계의 모습이 새겨져 있으며, 왼쪽에 투호投壺가 있다(위).
지폐 뒷면에는 도산서원이 인쇄되어 있다(아래).

에서 온 학자네"라는 인사를 하였다. 그리고 그 즈음에 일본의 아사히(朝日) 신문에서 발간하는 『아에라(AERA)』 51호(1989. 11. 28)에는 「유교 최후의 성전聖戰」이라는 제목의 글이 실렸다. 표지에는 '한국에, 지구 최후의 유교'라고 되어 있었다. 한국에서는 규율, 안정, 교육을 중시하는 유교의 전통이 그 근저에 있다고 하고, '천 원권 지폐 속의 성인聖人

퇴계 이황

이퇴계의 후예들' 등에 대하여 자세히 소개를 하고 있었다. 우리와 지리적으로 가까운 일본의 현대인들은 한국을 가리켜 이렇게 서슴없이 '유교의 나라'라고 부른다. 아니, 중국에서도 보통 한국을 '현대의 유교 국가'라고 부른다.

동아시아 사회에서는 한국을 '유교의 나라'라 생각하고, '한국의 유교' 하면 퇴계 이황(1501~1570)을 떠올리는 것은 우리의 과거에 대한 지극한 단순화일 수도 있지만, 그 나름의 이유가 없는 것도 아니다. 사실 대한민국 국민이라면 '퇴계 선생'을 모르는 사람이 없다. 천 원권 지폐를 통해 삼천리 방방곡곡의 사람들이 의식적이든 무의식적이든 거의 매일 접하는 한국인의 인격적 모범 즉 한국의 성인聖人이다. 지난해(2003년) 12월 나는 중국 영파寧波에서 열린 국제 학술회의에 참석한 적이 있다. 그때 나는 일본 규슈(九州) 지역에서 참석한 한 원로 학자를 만나 이런저런 이야기를 나눌 기회가 있었다. 그는 퇴계 연구를 오래도록 해오고 있는데, 퇴계의 인격에 감동하였다고 말하고, 나에게 "이런 말을 하면 이상하게 들릴지 모르지만 솔직히 나는 중국의 공자보다도 퇴계가 더 인간적이고 훌륭하다고 생각한다"고 고백하였다. 퇴계의 손자 안도安道가 창양昌陽을 낳았을 때의 일이다. 안도는 성균관에 유학을 하면서 갓 태어난 창양을 서울로 데려갔다. 그런데 안도의 부인인 권씨權氏는 젖이 모자라 아이를 키울 수가 없었다. 마침 안도는 할아버지 퇴계 댁에 아이를 낳아서 젖을 먹이고 있던 노비가 있음을 알고 그녀를 서울로 좀 보내 달라고 부탁하였다. 그러나 퇴계는 손자 안도에게 편지를 보내어 "남(하인)의 자식을 죽여서 자기(손자 안도) 자식을 살리는 것은 참으로 해서는 안 될 일이다"(殺人者, 以活己子, 甚不可)라 하고 노비를 보내 주지 않았다. 노비의 자식이라도 똑같은 인간의 자식이니 그렇게 할 수 없음을 말한 것이다. 일본의 그 교수는 이런 이야기를 하고 나서 "신분이 존재하던 그 시대에 이미 신분의 고하를 초월하여 인간은 누구나 평등하다는 관점을 제시했던 참으로 시대를 앞선 분이다"라는 등 퇴계의 따사로운 인간적인 면모를 더 열거하였다. 그러고 나서 그는 "공자의 마굿간에 불이 났는데, 공자가 조정에서 돌아와서 사람이 상했느냐를 묻고는 말에 대해서는 묻지 않았다.[4] 그런데 만일 이것이 퇴계의 경우라면 말이 죽었는지 어떤지도 친절하게 물었을 것이다"라는 말을 덧붙였다.

그렇다. 우리가 오늘날 퇴계에게서 다시 발견해 낼 것은 어쩌면 우리를 감동케 하는 가장 인간적인 모습일지도 모른다. 퇴계는 '천리天理', '리理'만을 강조한 엄격하고 차갑고 딱딱한 사상가가 아니었다. 이렇게 '퇴계를 어떻게 읽어 낼 것인가?' 하는 문제는 결국 '우리의 눈(시각/관점)이 어떠한가?'에 달려 있다.

나와 퇴계, 그리고 『성학십도』에 얽힌 에피소드

몇 년 전 하버드 대학에 1년(1998~1999) 동안 체재할 때 한국학연구소 소장 방에 간 적이 있다. 방안에 들어서자 열 폭의 병풍이 쭈욱 둘러서

---

4) 『논어論語』, 「향당鄕黨」, "廐焚, 子退朝, 曰, 傷人乎, 不問馬."

있는 것이 보였다. 퇴계의 『성학십도』였다. 아마도 한국의 국제 퇴계학회에서 기증한 것이 아닌가 하는 생각이 들었다.

이후 나는 하버드 대학의 옌칭 연구소(燕京硏究所) 내의 도서관(보통 옌칭 도서관이라고 함)을 이용하였다. 나는 그곳에 퇴계 연구로 유명한 워싱턴 주립대학의 마이클 칼턴(Michael C. Kalton) 교수의 1977년 하버드 대학 박사학위 논문인 "The Neo-Confucian World View and Value System of Yi Dynasty Korea"(이씨 조선의 신유학적 세계관과 가치 체계)가 있음을 알고 그것을 복사하기로 하였다.

이 논문은 퇴계의 『성학십도』를, 도표를 포함한 한문 내용까지 영어로 완역(英譯)한 것이었다. 뒤에 그것은 수정, 보완되어 'To Become a Sage'(성인이 되는 법)라는 제목으로 1988년 컬럼비아 대학 출판부에서 출판되었고, 현재 그 일부는 한국어 번역으로 쉽게 접할 수 있다.[5]

그런데 칼턴의 박사학위 논문은 귀중 도서로 분류되어 특별 관리되고 있었다. 옌칭 도서관에서는 이런 책들은 보통 장시간 대출이 불

하버드 엔칭 도서관에 보관된
마이클 칼턴 교수의 박사학위 논문 표지

---

5) 즉 『한글, 한문, 영어로 풀어쓴 성학십도: 하늘은 말이 없고 도는 형상이 없다』, 이동한 외 4인 역(퇴계학연구원, 1999)이 그것이다.

하버드 옌칭 도서관

가하며, 도서관 내에서 몇십 분 동안만 대출할 수 있게 되어 있다. 잠시 대출할 때에도 대출 대장에 이름과 주소 등을 반드시 적어야 한다. 나는 약 1개월 동안 그것을 수시로 대출하여 도서관 내의 동전을 넣는 유료 복사기를 사용하여 전부 복사할 수 있었다.

 미국에서 돌아온 뒤 얼마 후 나는 하버드에 체재하고 있는 우리 대학 모 교수로부터 전화를 받았다. 당시 그분은 옌칭 연구소에 머무르면서 연구를 하고 있었다. 전화 내용은 이랬다. "당신이 FBI의 수사선상에 올라 있기 때문에 어디선가 전화가 걸려올지도 모른다. 알고는 있어라, 그래야 당황하지 않을 것이다." 다름이 아니라, 내가 귀국하고 나서 옌칭 도서관의 귀중 도서 50여 권이 통째로 도난을 당해, 도난 직전까지 하버드 도서관의 귀중 도서를 이용, 대출한 아시아계 학자들을 대상으로 조사를 하고 있으며, 이미 수사 요원들이 한국, 중국, 일본, 대만 등지의 고문서 시장의 동향을 조사하고 있는 중이라는 것이다. 이 사실은 뉴스로 미국에 방영이 되었다고 한다.

 이후 다행히 나에게 별다른 연락은 없었다. 마이클 칼턴 교수의 박사학위 논문을 생각할 때면 나는 내 생전에 별 인연도 없을 FBI를 떠올리며 씨익 웃게 된다.

제2부

퇴계의 『성학십도』 편집과 그 의의

17세 소년 왕 선조에 대한 노학자 퇴계의 근심

조선 제13대 왕 명종明宗이 1567년에 죽고 이듬해 17세인 선조가 14대의 왕위를 이어받았다. 선조는 즉위 초년에 학문에 열심이었다. 그는 훈구세력勳舊勢力을 물리치고 사림士林들을 대거 등용하여 침체된 정국에 활기를 불러일으키려 하였다. 그 때문에 사림의 명유名儒들을 극진히 예우하는 데 힘썼다. 명종 때도 그랬지만 그에 이은 선조도 퇴계의 학식과 덕망을 사모하였다. 그래서 즉위하자마자 여러 번 벼슬을 주고 "경은 역마驛馬를 타고 빨리 올라와 나를 도와주도록 하라"는 식의 교지教旨를 내려보내 어쨌든 그를 조정으로 부르고자 하였다.

당시 퇴계는 관료 생활을 접고 고향인 안동의 퇴계 마을에 돌아와 산림에 은거하면서 학문연마와 후진 양성에 힘쓰고 있었다.

퇴계는 34세에 대과에 급제하여 벼슬을 시작하여 43세 때까지 대체로 순탄한 관료 생활을 보낸다. 성균관 대사성에 이른 43세의 퇴계는 이때부터 벼슬을 그만두고 고향에 돌아갈 뜻을 품는다. 이후 52세 때까지 퇴계는 세 차례나(43, 46, 50세) 귀향과 소환을 반복하면서 관료 생활에서 벗어나 산림은거 생활을 준비한다.

그러나 퇴계를 관료에서 놓아주지 않으려는 임금의 뜻과 끊임없이 사퇴하려는 퇴계의 뜻이 항상 교차한다. 그래서 문서상으로 임명과 사퇴가 계속된다. 이것이 퇴계 노년기의 특징이다. 참고로 퇴계는 약 90종의 관직에 140여 번 임명되는데, 그 사이에 사직서를 무려 79회나 올린다.

이렇게 벼슬을 그만두고 산림에 은거하고자 하는 퇴계의 뜻은 우선 건강 탓이기도 하다. 하지만 그것보다도 근본적인 것은 그의 소망이 벼슬에 있지 않고 학문에 있었기 때문이다. 실제로 퇴계의 주요 저술은 그의 50대 이후에 이루어진다.

선조의 부름에 퇴계는 계속해서 노환老患과 무능, 부덕 등을 이유로 사직서를 올려 결단코 벼슬을 받지 않으려 한다. 선조는 "그대의 사직서를 읽어 보니 겸양이 너무 지나치오. 그대의 덕이 높고 학문이 정대하여 여러 임금에 걸쳐 나라에 공이 많았음을 어느 누가 모르리오······ 내가 경을 바라는 것은 북두성을 바라는 것과 같으니, 그대는 병을 억제하고 조정에 머물러서 나의 어리석고 부족한 자질을 도와주도록 하오"라는 등의 교지를 5개월 동안 일곱 번이나 연달아 내려보낸다. 이러한 선조의 집요한 부름에 못 이겨 퇴계는 그가 68세 되던 해(1568년) 7월 서울로 간다.

성학이야말로 정치의 근본 ―「무진육조소」

1568년에 즉위한 17세의 소년 왕 선조를 위해 68세의 노학자 퇴계는, 그해 8월 임금이 지켜야 할 여섯 가지 조목을 밝힌 7,400자 분량의 상소문인 「무진육조소戊辰六條疏」를 올린다. 「무진육조소」의 '무진戊辰'은 선조가 새 임금으로 즉위한 해의 간지이다.

명종은 후계자 없이 죽었다. 그래서 명종의 배다른 동생 덕흥군德興君의 셋째 아들을 양자로 삼아 왕위를 계승하게 된다. 그가 바로 선조이다. 따라서 선조는 자칫 양가養家보다는 친가親家에 사적인 정에 끌리게 되고 또한 그런 틈을 타 주위의 음모에 휘말려 왕통이라는 공적 계통을 소홀히 할 우려가 있었다.

더욱이 선조 즉위 당시에 제12대 인종의 비妃와 13대 명종의 비가 생존해 있었다. 인종과 명종의 왕위 계승을 둘러싼 인척간의 갈등을 지켜본 바 있는 퇴계는 두 비의 불화가 왕실의 혼란뿐만 아니라 당파 간, 나아가서는 국가의 혼란으로 이어질 수 있음을 예견한 것이다. 노학자 퇴계는 소년 왕 선조에 대한 근심을 읽어 내기에 충분하다.

그래서 퇴계는 선조를 위해 아래와 같은 내용의 「무진육조소」를 올린 것이다. 당시 궁중 내부의 상황에 대한 퇴계의 세밀한 진단을 바탕으로 제시된 선조의 처신, 그리고 선조가 성군聖君이 되도록 자아 수양을 독려하는 내용은 평이하면서도 그의 절신한 여망을 읽어 내기에 충분하다.

첫째, 왕통王統의 계승을 소중하게 여겨 효성을 온전히 할 것.

둘째, 참소하고 이간하는 무리들을 막아서 양궁兩宮(仁宗妃와 明宗妃)과 친할 것.

셋째, 성학聖學을 독실하게 하여 정치의 근본을 세울 것.

넷째, 도덕과 학문을 밝혀서 백성의 마음을 바르게 할 것.

다섯째, 임금의 뜻을 받들 수 있는 인물을 골라서 세상사를 올바르게 보고들을 수 있도록 할 것.

여섯째, 정성스런 마음으로 자신을 닦고 백성을 살펴서 하늘의 사랑을 받을 수 있도록 할 것.

이 가운데서도 '성학을 독실하게 하여 정치의 근본을 세울 것'이란 조목은 매우 중요하다. 퇴계는 성학, 즉 군주가 스스로 성인의 경지(聖君)에 이르는 것이야말로 정치의 근본이 됨을 말하고 있다. 성군은 바로 철인哲人 왕王이다.

성군을 위한 노학자 퇴계의 가르침 ―『성학십도』

퇴계는 「무진육조소」를 올리고 나서, 학문에 열심이었던 선조에게 경연經筵에서 여러 차례나 시강侍講을 하였다. 경연이란 군주에게 관련 직책의 관료(학자)들이 아침, 낮, 저녁 시간을 통해서 일정하게 유교의 경서經書와 역사를 가르치는 교육 제도를 말한다. 조선 시대의 경연은 교육 제도일 뿐만 아니라, 정책 협의 기구로서의 기능도 컸다. 강의가 끝나면 그 자리에서 국왕과 신하들이 정치 현안들을 협의하는 것이 관례였다고 한다.

경연에 참여한 퇴계는 늙고 병약한 자신의 기력에 한계를 느끼고 있었다. 더군다나 어린 선조의 학문적인 이해 능력에도 한계가 있음을 느꼈다. 그래서 그는 국가와 군주를 위해서 가장 값진 일을 한 다음 정계에서 은퇴할 결심을 하게 된다. 「무진육조소」를 올린 3개월 뒤인 그해(1568년) 12월 초하루(음력, 「연보」에는 16일)에 선조를 위해 퇴계는 다시 『성학십도聖學十圖』를 만들어 올리는데, 이것은 그의 생애에서 왕과 군주를 위해 바친 가장 빛나는 업적으로 보인다.

『성학십도』의 전문前文인 「『성학십도』를 올리는 글」에서 퇴계는 이렇게 말한다.

> 신은 학술이 거칠고 언변이 서투른데다 질병까지 잇달아 시강侍講을 자주 못하였는데 추운 겨울부터는 전폐하게 되었습니다. 신의 죄가 만 번 죽어 마땅하여 걱정스럽고 두려워 어찌할 바를 모르겠습니다. 신이 가만히 생각해 보니 처음에 글을 올려 학문을 논한 말(「무진육조소」)이 전하의 뜻을 감동·분발시키기에 부족하였던 것 같습니다. 그리고 그 뒤 경연經筵에서 여러 번 아뢴 말씀(같은 해 아홉 차례에 걸친 행한 시강)도 전하의 슬기에 도움을 드릴 수 없었습니다.[1]

『성학십도』는 퇴계의 성학에 대한 관점과 철학이 집약적으로 편집되어 있다. 다시 말해서 노학자의 평생의 학문적 여정이 결정된, 열 폭으로 편집된 아주 훌륭한 유학 강의이다. 이것은 이후 동아시아 사상사에 하나의 고전으로 길이 남게 된다. 퇴계는 이것을 바치고서 귀향하며, 2년 뒤(1570년) 70세로 세상을 떠난다.

『성학십도』란 무엇인가

『성학십도聖學十圖』는 글자 그대로 성학에 대한 것을 열 가지 도圖로서 편집한 것이다. 성학聖學은 보통 '성인이 설한 학문'이나 '성인의 도를 닦는 학문'(유교)의 뜻으로 쓰인다. 『성학십도』에서 말하는 '성학'이란 유교에서 지향하는 이상적 인격자(聖人) 혹은 이상적 통치자(聖君)가 되기 위한 학문의 내용이다. 이상적인 인격자란 전통적 개념을 빌자면 내적으로 도덕의 완성자(聖)에 이른다는 '내성內聖' 즉 수기적修己的 의미에서 말한 것이고, 이상적 통치자란 바깥으로 천하의 통치자(王)가 된다는 '외왕外王' 즉 치인적治人的 의미에서 말한 것이다. 전자는 자기를 완성한 것(成己)이며, 후자는 남(타자)을 완성한 것(成物)이다. 이처럼 이 둘은 서로 분리될 것이 아니라 통합되어야 한다. '내외가 합일하는 길'(內外合一之道)은 이러한 유교적 최종 지향점을 말한 것이다.

---

1) 『성학십도聖學十圖』, 「진성학십도차進聖學十圖箚」, "顧臣學術荒疎, 辭辯拙訥, 加以賤疾連仍, 入侍稀罕. 冬寒以來, 乃至全廢, 臣罪當萬死, 憂慄罔措. 臣竊伏惟念當初上章論學之言, 旣不足以感發天意, 及後登對屢進之說, 又不能以沃贊睿猷."

성聖, 성인聖人, 성학聖學

성인聖人의 '성聖' 자는 '뜻 의意'를 나타내는 '귀 이耳' 자와 '입 구口' 자, 그리고 '소리 음音'을 나타내는 '임壬' 자의 결합이다. 여기서 '임' 자는 '사람이 땅 위(地面)에 우두커니 서 있는 모양'을 나타낸다.

사람이 땅 위에 그냥 우두커니 서 있는 것이 아니다. 소리를 나타내는 '임' 자는 구체적으로 (사람이 하늘과) '통하다'(通), (사람이 하늘의 소리를) '듣다'(聽)라는 뜻을 나타낸다.

따라서 '귀 이耳' 자와 '입 구口' 자를 고려하여 다시 '성聖'의 의미를 말하면 귀(耳)의 구멍(口, 귓구멍)이 잘 열려서 보통 사람의 귀에 들리지 않는 신神의 소리가 들린다거나 그런 소리를 듣는 사람을 뜻한다. 생각건대 중국의 고대 사회에서는 보통 사람이 들을 수 없는 신의 소리를 들을 수 있는 사람, 천지의 이치(사리)에 통달한 사람을 '성聖'이라 불렀을 것이다. 고대의 제사와 주술이 지배하던 제정일치祭政一致 사회에서는 신과 인간 사이를 연결하는 존재인 성은 무당(巫)과도 같은 존재였을 것이다. '성'은 하늘의 소리를 남들보다 미리 듣는 선지자나 천지의 이치에 통달한 사람을 의미하므로 '예지, 지혜(叡)'와도 같은 뜻이며, '이치에 밝다'는 뜻의 '철哲' 자와도 통한다.

공자는 성인을 군자君子, 현자賢者, 인자仁者보다도 우위에 두었으며, 맹자는 사람의 품격을 여섯 단계로 나누고 성인을 상위에 두고 있다.

첫째, 도가 바람직한 것임을 아는 자=선인善人
둘째, 도를 자신에게 지닌 자=신인信人
셋째, 도를 충실하게 갖춘 자=미인美人
넷째, 도가 내면에서 충실해져 그 결실이 바깥으로 드러난 자=대인大人
다섯째, 대인으로서 질적 변화를 이룬 자=성인聖人

여섯째, 성인으로서 그 경지를 헤아릴 수 없는 자=신인神人[2]

참고로 '성聖'의 사전적인 의미를 정리해 보면 대체로 다음과 같다.

① 성인聖人을 의미한다. 성인이란 유교에서 말하는 지혜나 도덕이 뛰어나 많은 사람으로부터 지도자로 추앙받는 총명한 사람이나 내적 인격의 완성자를 말한다(즉 성현聖賢·대성大聖·성왕聖王·성군聖君·성철聖哲은 이런 뜻이다). 그리고 공자와 관련된 것에 붙이기도 한다(즉 성림聖林·성부聖府 등이 그것이다). 한편 불교에서 깨달음을 얻은 사람을 가리키기도 한다(즉 성인聖人·성중聖衆이 그것이다).

② 기예에 뛰어나서 신과 같은 사람을 말한다(악성樂聖·시성詩聖·서성書聖·화성畵聖).

③ 천자天子·제왕帝王·황제皇帝에 대한 경어나 그와 관련된 것에 붙이는 경어이다(즉 성은聖恩·성업聖業·성대聖代·성지聖旨·성가聖駕·성소聖召·성사聖事·성사聖思 등이 그것이다).

④ 종교도宗敎徒가 교주에 관련된 것에 붙이는 말이다. 특히 기독교에서 신앙의 대상이 되는 것에 붙이는 것이다. 다시 말해서 서구에서 사용하는 세인트(saint, 라틴어 sanctus의 음역)의 역어譯語이다(즉 성모聖母·성부聖父·성령聖靈·성서聖書·성지聖地·성탄聖誕·성 어거스틴 등이 그것이다).

⑤ '신성한', '청정한'의 뜻이다(즉 성화聖火·성역聖域 등이 그것이다).

⑥ 술에서는 청주淸酒를 성聖, 탁주濁酒를 현賢이라고 한다.

지금까지의 내용을 참고로, 『성학십도』에서 말하는 '성학'은 퇴계가 17세 된 선조 임금을 염두에 둔 것을 고려하여 '성군聖君이 되기 위한 학문' 또는 '성군으로서 닦아야 할 학문'이라고 할 수 있다.

---

[2] 이것은 맹자와 호생불해浩生不害와의 문답 속에 나온다. 이에 대해서는 『맹자孟子』, 「진심하盡心下」, '25장' 참조

다시 말하면 퇴계가 『성학십도』에서 성학이란 말을 쓴 것은 그만한 이유가 있다. 노년의 퇴계는 소년 왕 선조가 임금으로서의 통치 역량이 부족하다고 생각했고 이를 염려하였던 것이다. 그래서 이상적인 유교 정치를 할 수 있는 능력을 도야하라는 뜻에서 열 폭의 도설로 된 병풍을 만들어 바쳤다. 따라서 『성학십도』의 '성학'은 '성왕聖王이 되는 학문'이라는 뜻이다. 성왕이란 말 그대로 성인의 경지에 오른 임금, 성인을 전제로 한 임금, 즉 성군聖君을 가리킨다.

그러나 퇴계가 이것을 임금에게 바치고자 만들었다는 것이 꼭 선조 임금만이 읽어야 하는 그런 저작을 의미하는 것은 아니다. 선조 이외의 사람들도 모두 읽고 배워야 할 것으로 생각하여 엮은 것이다.

결국 『성학십도』는 일반적인 의미로 성인이 되는 학문의 내용을 신유학 속에서 요령 있게 정리한 것이다. 실제 퇴계는 『성학십도』에서 '성인의 학문'이니 '성인이 되려면'과 같은 말의 표현을 사용하였다. '된다'는 뜻은 수양과 실천, 노력과 공부를 동반하는 실천적 경지의 언설이다. 궁극적으로는 유교가 이상으로 삼는 수기修己와 치인治人의 달성이다. 그러므로 '성인이 된다'의 '된다'는 것은, 개인으로 볼 때는 수기의 '수修'(닦는다)에 사회 국가의 공인으로 볼 때는 치인의 '치治'(다스린다)를 내용으로 하고 있는 것이다.

『성학십도』에는 사실 '성인이 된다'라는 이른바 목숨을 걸고 진리를 추구하는(守死善道)[3] 유교적 진리(道)를 향한 신유학자 퇴계의 강렬한 의지가 고스란히 담겨 있다. 이와 관련하여 인도의 민족 운동 지도자이자 사상가인 간디(Mohandas K. Gandhi, 1869~1948)는 다음과 같이 말했다.

---

3) 『논어論語』, 「태백泰伯」.

진리를 추구하는 사람은 절대로 이기주의자가 될 수 없다. 남을 위해 자신의 삶을 희생하기로 한 사람은 태양 아래 자신이 쉴 편안한 장소를 준비할 여유가 없다.[4]

이것은 진리를 향한 자들의 타자에 대한 자기 희생적 태도를 말한 것이다. 이런 태도는 동아시아 신유학자들의 수양론에서도 잘 드러난다. 다시 말하면, 동아시아 신유교 사상사에서 제시되는 수양론은 보통 진리(道)와 나(私, 我) 사이의 간극을 없애고 양자를 합치시키려는 강한 실천적 의지를 동반한다.

일반적으로 '수양修養'이란, 개인이 지니고 있는 종교적 신념이나 철학적 체계에 기반하여 몸과 마음을 단련하여, 현상적(세속적) 자아(凡)를 변혁시켜 본래적(이상적) 자아(聖)에 도달하려는 '자기 완성'의 노력을 말한다. 이것은 범속을 넘어서서 성의 경지로 들어서려는(超凡入聖) 노력이다. 대개 신유학자들은 자신의 기질氣質을 변형變形·변화變化시켜서 성인聖人의 경지에 들어가고자 노력하였다.

열 폭의 편집, 그리고 '도'의 의미

우리 속담에 '구슬이 서 말이라도 꿰어야 보배다'라는 말이 있다. 퇴계는 구슬 서 말을 모아 꿰어서 보배로 만든 것이다. 퇴계의 열 폭의 편집술. 그것은 과연 무엇을 의미하는가?

나는 『성학십도』가 왜 하필 열 폭인가를 알고 싶어, 인터넷에서 검색한 어느 유명한 병풍제작소에 전화를 해서 보통 병풍은 몇 폭으로 제작

---

4) 간디 지음, 라다크리슈난 엮음, 『위대한 영혼의 스승이 보낸 63통의 편지』(이재경·유영호 옮김, 지식공작소, 1997), 16쪽.

되는가를 물어 보았다. 그러자 그곳에서는 팔 폭이 보통이지만, 공간이 넓으면 열 폭, 열두 폭도 만든다고 했다.

시판되는 『성학십도』 열 폭 병풍 모습[5]

우리가 쓰는 말 중에는 '열 십'이란 숫자가 쓰인 용례가 많다. 예를 들면 '화무십일홍花無十日紅'(열흘 붉은 꽃이 없다), '자기의 능력을 십분 十分 발휘하다', '딸 하나가 열 아들 안 부럽다' 등이 그러하다. 그뿐인 가? '십시일반十匙一飯', 갑甲·을乙·병丙·정丁·무戊·기己·경庚·신 申·임壬·계癸의 '십간十干', 공문孔門의 '십철十哲' 등등 '십十'이란 숫 자는 우리에게 낯설지 않다. 8은 좀 부족하고 12는 좀 넘친다. 그러므로 나라의 임금에게 어울리는 숫자는 10일 것이다. 우연의 일치인지 아니 면 어떤 근거를 가지고 있는지는 정확히 알 수 없다. 하지만『성학십도』 가 왜 하필 열 폭인가 하는 의문은 가져 볼 만하다.

『성학십도』라는 명칭에서도 볼 수 있듯이 퇴계는 성학의 목표와 과 정을 10개의 도圖로써 나타낸 것이다. 퇴계는 성리학의 이론을 도를 통해서, 즉 도표라는 가시적 구체적 방법론을 통해서 표현적으로 가르 치려 했던 것이다.

도圖는 사상의 특징점을 부각시켜 직관적으로 파악할 수 있는 장점

---

5) http://www.sibiji.co.kr/tboardp/read.cgi?board=shop&y_number=13&nnew=2

이 있다. 지금의 감각으로 말하면 일종의 '파워 포인트'(Power Point)로 자기 사상을 간명하게 묘사·피력한 것이다. '파워 포인트'란 한정된 시간 내에 정보를 정확하게 전달하여 그 결과로써 판단과 의사 결정까지 초래하는 커뮤니케이션의 한 방법이다. 만화나 영상이 없던 시절, 시청각 재료가 없던 시절에 추상적 이론을 이렇게 도상圖象으로 간이簡易하게 시각적으로 구체적인 표현을 하고자 노력했던 것은 매우 중요한 시도였다고 할 만하다. 가만히 생각해 보면 우리의 오관 가운데 시각視覺은 가장 빠른 시간 안에 가장 많은 정보를 획득하게 해 주는 감각 기관이다. '시청視聽', '견문見聞', '안이비설신眼耳鼻舌身', '백문이 불여일견百聞而不如一見'에서 알 수 있듯이, 눈으로 보는 '시視'와 '견見'은 귀로 듣는 '청聽'과 '문聞'보다 더 앞자리에 와서 중시되고 있다. 그 것은 '내 눈은 못 속여', '눈을 맞추다', '눈이 맞다', '첫눈에 들다'와 같이 시각은 다른 감각들 즉 촉각, 후각 등보다 빠르고 정확한 정보 인지력을 갖고, 마음을 변화시키는 강한 힘을 갖는다. 그런데 문제는 시각은 다른 감각들 즉 촉각, 후각 등에 비해 지속적이지 못하다는 것이다. 한번 눈으로 본 것은 곧 잊혀지기에 사진으로 찍거나 액자 표구 등으로 만들어 걸어 두고 지속적으로 바라보지 않으면 곧 기억이나 마음에서 잊혀지고 사라져 간다. 결혼 사진이 그렇고 가족 사진이 그렇고 학창시절의 사진이 그렇다. 서양 속담에서는 '눈에서 사라지면 마음에서도 사라진다'(Out of sight, out of mind)고 한다. 우리 속담에는 '물건을 보면 마음이 생긴다'(見物生心)고 하고, '몸이 멀어지면 마음도 멀어진다'고 한다. 시야에 들어오면 마음이 있게 되고(관심을 갖게 되고) 시야에서 사라지면 마음도 떠난다는 말이다.

병풍으로 만들어 둔 열 폭의 도상들은 지속적으로 직관, 음미함에 그 속의 이론이 심신에 각인되어 체질화될 수 있다. 체질화는 이론의 항구적 실천(실행)을 가능하게 만든다. 이렇게 보면 퇴계가 도상으로 시도된『성학십도』를 더욱이 병풍이라는 형식을 빌고자 한 것은 선조, 나아가서는 조선의 지식인들이 성학聖學을 지속적으로 지향해 가도록 지시해 준 것임에 틀림없다. 따라서 이것은 성학에 대한 분석적 읽기가 아니라 그야말로 실천적 읽기이다.

성리학 사상을 이와 같이 도표화하고 해설을 곁들이기 시작한 것은 일찍이 중국 남송대 주돈이의『태극도설太極圖說』(태극의 '도'와 그 설명인 '설')에서 찾을 수 있다. 사실 주돈이의 학설은『역易』과『중용中庸』을 근거로 도가道家와 도교道敎 사상을 도입하여 무극이태극설無極而太極說을 비롯하여 주정설主靜說·성설誠說·성인가학설聖人可學說 등 송학宋學의 근간 내지 기초적 문제를 많이 포함하고 있다. 이렇게 해서 주돈이의『태극도설』이 각광을 받은 것이다.

그리고 우리 나라에서 이와 같이 '도'와 '설'의 방법으로 성리학 사상을 밝힌 것은 조선초 권근權近의『입학도설入學圖說』이 그 효시를 이룬다. 퇴계 당시만 해도 이『입학도설』에 앞서, 퇴계의 나이 53~54세 무렵에 정지운鄭之雲(호는 秋巒, 1509~1561)의「천명도天命圖」와『천명도해天命圖解』가 있었고, 퇴계 역시 정지운의「천명도」와『천명도해』를 수정한 자신의「천명도」와『천명도설天命圖說』을 지은 일이 있었다. 『성학십도』에 북송의 신유학자 주돈이周敦頤(호는 濂溪, 1017~1073)의「태극도」및『태극도설』, 권근權近의「대학도」등이 포함되어 있듯이,『성학십도』는 당시 성리학계에서 익숙해 있던 도상적 표현 방법론, 즉 시각적 표현에 의한 직관적 요약적 사상 이해의 경향과 방법론을 최대화한 것이다. 퇴계는 선배 성리학자들이 그려 놓은 그림(圖, figure)을 터전

(地, ground)으로 하여 자신의 새로운 그림을 그려 낸 인물이다.

퇴계의 창의적 '편집술'

티베트 불교 미술을 대표하는 '만다라'(MANDALA)는 산스크리트어로 'MANDA'(본질)라는 어간語幹과 'LA'(소유, 성취)라는 접미사로 이루어진 말이다. 하지만 나는 그것을 볼 때마다 그 어의語義보다는 정보의 탁월한 편집과 그 창의적 발상에 감탄한다. 불상, 동그라미 삼각형, 사각형 등 수많은 도상들을 접합시켜 균형감 있게 배치하여 경이로움을 자아내어 종교심으로 인도하는 그것에는 그때까지 있어 온 엄청난 이론과 정보가 함축되어 있다.

그리고 퇴계의『성학십도』는, 뒤에서 다시 자세히 언급하겠지만, ①「태극도太極圖」, ②「서명도西銘圖」, ③「소학도小學圖」, ④「대학도大學圖」, ⑤「백록동규도白鹿洞規圖」, ⑥「심통성정도心統性情圖」, ⑦「인설도仁說圖」, ⑧「심학도心學圖」, ⑨「경재잠도敬齋箴圖」, ⑩「숙흥야매잠도夙興夜寐箴圖」의 열 개의 도를 편집한 작품이다. 이 가운데 퇴계가 직접 만든 것이 몇 개 있지만 이것도 사실은 모두 타인의 저작 내용에 근거한 것이다. 따라서 퇴계의『성학십도』는 그의 순수한 저작이 아니라 그때까지 있어 온 타인의 저작을 창의적 발상에 의해 '열 가지'로 훌륭하게 '편집'해 놓은 것이다.

이렇듯 나는『성학십도』를 보면서 항상 그 각각의 내용에서보다도, 당대 최고의 정보·지知의 탁월한 편집 혹은 그 창의적 선별과 배열의 '발상'에 감탄한다. 열 가지 그림에 편입된 각각의 그림들은 하나하나 독립된 작품이면서 전체의 드라마 속에서 유기적인 의미를 갖게 된다.

마치 교향악단의 한 악기처럼 말이다.

이처럼 편집술은 인간의 삶을 인도하기도 하고 변형하기도 하며 또한 적지 않은 상상력을 제공하는 지도地圖의 역할을 한다. 불상佛像이 그렇고, 경전經典이 그렇고, 사찰의 양식이 그렇듯, 인간의 역사 속에서 정보와 지知의 편집의 예는 한두 가지가 아니다.

결국 위대한 인문학적 발상의 태동과 전개는 인간의 지적知的 감성적感性的 창의력에 의해 주어진 정보의 편집술의 여부에 기인한다. 그리고 그 편집술은 무수한 정보, 정보의 편집에 따른 무수한 지知, 그 지와 또 다른 지와의 연쇄連鎖(相依相存)라는 우리 삶의 실상을 여실하게 보여 주는 것일 수밖에 없다.

중국적 지식의 한국적 수용과 재집성 — 새로운 사상적 '중심'의 형성

또 한 가지 우리가 생각해 보아야 할 것은 퇴계가 편집한『성학십도』의 기본 자료는 모두 중국의 지식이며, 이것이 조선의 퇴계라는 인물에 의해 수용되어 새롭게 편집되었다는 것이다. 이것은 한국적 재집성再集成이라는 큰 의미를 갖는다. 다시 말하면 당시 조선과 지리적, 문화적, 그리고 지적인 풍토를 달리하는, 지知의 제국이자 중심인 중국에서 만들어진 것이 조선에서 재집성된다는 것은 사상에 있어 새로운 중심이 하나 만들어진다는 것을 의미한다. '중국(중화)=중심, 조선=주변'이라는 도식을 벗어나 '조선=중심'의 의미를 획득하는 것이며, 지식의 산출과 보급이라는 점에서도 단순한 수입으로 미니 중국을 도모하는 것이 아닌 주체적 수용과 변용이라는 자부심과 자존심을 갖는 것이 된다.

선종의 「십우도」와 대비

퇴계의 『성학십도』는, 선禪 수행의 입문 과정에서 '각覺'의 경지에 이르기까지를 열 단계로 나누어 설명한 「십우도十牛圖」와 비유하여 설명하면 흥미롭다. 「십우도」는 '심우도尋牛圖'라고도 하는데, 소를 찾아 나서는 것에 비유하여 선 수행의 단계를 그림으로 묘사한 것이다.[6]

우선 「십우도」를 살펴보자.

1. 심우도尋牛圖 : 심우는 '소를 찾아 나서다'라는 뜻으로 자기의 본성에 대한 깨달음인 소를 찾는(=스스로 자아를 찾기 시작하는) 것을 말한다.

---

6) 선禪의 세계는, 그 수행 입문入門 과정에서 '각覺'의 경지에 이르기까지를 열 단계로 나누어 비유 설명한 「십우도十牛圖」를 통해서 단면을 알 수 있다. 소(牛)는 인도나 중국의 고대로부터 농경 생활의 필수적 동물로 사람과 매우 친숙한 존재였다. 석가모니의 성불하기 이전 태자 시절의 성姓은 '고타마(Gautama 혹은 Gotama)였다. 고타마의 Gau(산스크리트어) 혹은 Go(팔리어)는 소를 의미하는 낱말이며, tama는 최상급의 형용사이다. 그래서 고타마는 '가장 훌륭한 소', '소를 가장 중히 여기는 자'를 의미한다. 자급자족을 내세우는 선종에서 일(노동)과 관련 있는 소를 등장시켜 선 수행의 단계를 비유하고 마음의 수련 단계를 열 가지 그림으로 묘사하였다.
「십우도」에 관한 여러 가지 설이 있으나 그림에다 송頌을 붙인 것으로 중국 송대의 승려 곽암廓庵의 작품이 가장 유명하다. 그 외에 청거淸居·보명普明 등의 「십우도」도 있다. 곽암의 「십우도」는 잃어버린 소를 찾아 헤매다 소를 발견하고 길들여 마침내 소와 내가 하나가 되어 결국 공空의 상태가 되고, 다시 당초의 일상 세계로 되돌아가는 순서를 묘사하고 있다. 우리 나라의 휴정休靜은 "가소롭다 소를 탄 자여, 소를 타고 소를 찾다니……"(可笑騎牛者 騎牛更覓牛……)라는 유명한 게송偈頌을 남겼다.
마음의 작용을 잘 다룬 곽암의 「십우도」는 널리 유행하여, 오늘날 우리 나라 사찰 벽화에도 이 그림이 그려지곤 한다.

2. 견적도見跡圖 : 견적은 '소의 자취를 발견하다'라는 뜻으로 소의 발자국을 보는(=자신 속에 있는 본래 자아의 실마리를 발견하는) 것을 말한다.

3. 견우도見牛圖 : 견우는 '소를 보다'라는 뜻으로 소의 일부를 발견하는(=본래 자아의 모습을 처음으로 얼핏 발견하는) 것을 말한다.

4. 득우도得牛圖 : 득우는 '소를 얻다'라는 뜻으로 소를 붙드는(=본래 자아를 자신의 것으로 만드는) 것을 말한다.

5. 목우도牧牛圖 : 목우는 '소를 기르다'라는 뜻으로 소를 길들이는(=본래 자아를 스스로의 노력으로 해서 깨닫는) 것을 말한다.

44

6. 기우귀가도騎牛歸家圖 : 기우귀가는 '소를 타고 집에 돌아가다'라는 뜻으로 소를 타고 집(=본래의 고향, 일상의 현실 세계)으로 돌아온다는 것, 즉 자아를 그 본디 있던 곳으로 되돌린다는 것을 말한다. 동자가 소 위에 앉아서 부는 피리에는 구멍이 없다. 이렇게 구멍 없는 피리에서 흘러나오는 소리는 귀로 들을 수 없는 이른바 본성의 자리에서 흘러나오는 소리를 말해 준다.

7. 망우존인도忘牛存人圖 : 망우존인은 '소는 잊고 사람만 있다'라는 뜻으로 소는 잊고 사람만 남는다는 것, 즉 본래의 자아로 된다는 것을 말한다. 여기서 소, 즉 깨우침은 방편이다. 그래서 방편은 잊어버리고, 깨우친 '나'라는 존재가 남게 된다.

8. 인우구망도人牛俱忘圖 : 인우구망은 '사람도 소도 다 잊는다'라는 뜻으로 사람도 소도 공空이라는 사실을 깨닫는다, 즉 '내가……이다'라는 의식을 지운다는 뜻이다. 여기서 텅 빈 원상은 주객분리主客分離 이전의 상태, 즉 무아無我를 체득하는 단계를 말한다.

9. 반본환원도返本還源圖 : 반본환원은 '근원으로 돌아가다'라는 뜻으로, 있는 그대로의 전체 세계를 깨달아 있는 그대로의 자연, 즉 "산은 산이고 물은 물이다"(山是山, 水是水), "꽃은 예쁘고 버드나무는 푸르다'(花紅柳青)라는 세계가 펼쳐짐을 말한다. 텅 빈 원상 속에 비친 세계는 자연의 있는 그대로의 모습, 참된 지혜를 상징한다. 소를 찾아 집을 나가 소의 발자국을 발견하고, 소의 모습을 본 후 소를 붙잡아 힘들게 길들여 집으로 돌아와 보니, 소는 온데간데없고 나 또한 잊고 본래대로 돌아온 것을 표현한 것이다.

10. 입전수수도入廛垂手圖 : 입전수수는 '중생 제도를 위해 길거리로 나가니 자신도 모르는 사이에 마음이 사람들에게 전해진다'라는 뜻이다. '입전'은 일반 사람들(세속인)이 사는 마을(廛)로 들어감을, '수수'는 덜렁 손을 내려놓고 있는 모습을 보여 준다. 수수는 원래 석가모니의 상相이다. 아무런 형태도 취하지 않았는데도 사람들은 그 가르침에 자연히 교화되었던 것을 보여 주는 상이다. 즉 산을 내려와서 마을로 들어가 마을 사람들에게 가볍게 말을 건네는 것만으로도 깨달음이 사람들에게 전해지는 상태가 되어 있다는 말이다.

참고로 「십우도」에 대한 볼 만한 애니메이션으로는, 아무런 대사 없이 영상만으로 만들어진 <피리 부는 목동>이 있다.

위와 같이 「십우도」는 열 개의 도상(① 「심우도」, ② 「견적도」, ③ 「견우도」, ④ 「득우도」, ⑤ 「목우도」, ⑥ 「기우귀가도」, ⑦ 「망우존인도」, ⑧ 「인우구망도」, ⑨ 「반본환원도」, ⑩ 「입전수수도」)을 통해서 자기의 본성에 대한 깨달음을 얻는 과정을 보여 주고 있다.

'소를 찾는 것'은 '스스로의 자아를 찾는 것'이다. 퇴계가 구상한 『성학십도』 또한 국가의 통치자인 선조가 스스로 성인聖人이 되는 '마음의 씨앗'(단서)을 찾아서 일상적 차원에서 수행을 거듭하여, "성학을 권도勸導하고 천하의 덕을 보양輔養하여 요순의 시대와 같은 융성한 치적을 이루는"[7] 이른바 성인(성군)의 경지에 이르도록 한 것이다.

퇴계는 『성학십도』에서 '성학의 근본적 비전'을 제시하는 「태극도」에서 출발하여 「숙흥야매잠도」에서 마무리하고 있다. 「숙흥야매잠도」에서는 아침에 일찍 일어나고 저녁 늦게 잠드는 사이, 즉 '지극히 일상적인 차원에서 성현과 대면하는'(對越聖賢) 마음가짐으로 행동해야 함을 요망하고 있다.

그런데 퇴계가 제시한 성학의 열 가지 도는, 퇴계 스스로가 「대학도大學圖」의 설명 부분에서 말했듯이, 모두가 '경敬'을 주요 내용으로 삼

---

7) 『성학십도聖學十圖』, 「진성학십도차병도進聖學十圖箚幷圖」, "勸導聖學, 輔養宸德, 以期致於堯舜之隆."

고 있다(今玆十圖皆以敬爲主焉). '경'이란 글자는 '똑똑 두드리다', '강제하다'라는 뜻의 '복攴(=攵)' 자와 '스스로 조심하다', '움츠리다'라는 뜻의 '구苟' 자가 결합하여 만들어졌다. 예컨대 소나 양 같은 짐승의 뿔에 떠받히려는 순간, 혹은 내려치려는 몽둥이나 칼 앞에서 움찔하며 급히 몸을 움츠리는 모습을 상상해 보라. 쉬운 우리말로 하면 무서운 어떤 대상(존재) 앞에서 무지하게 겁을 먹고 쪼는 모습을 보여 준다. 여기서 조심하다, 움츠리다, 공경하다 등의 뜻이 생겨났다. 보통 '경'이란 자는 '마음가짐'에 중점이 놓여 있어 목적어를 가질 수 있다. 다시 말해서 '경'은 어떤 대상을 갖고 있는, 어떤 대상에 대한 것이라는 말이다. 그런데 공경恭敬, 공손恭遜이라 할 때의 '공恭' 자는 외면적인 모습에 중점이 놓여 있어 목적어를 가지지 않는다. 대상 그 자체의 모습이므로 대상이 필요없다는 말이다.

주희의 생각대로 퇴계도 '경'은 '일심의 주재'(一心之主宰)이며 '만사의 근본'(萬事之根本)이라고 생각했다. 그래서 '경'이라는 한 글자(敬之一字)는 '성학의 처음과 끝이 되는 긴요한 것'(聖學始終之要)이라 본다.[8]

'경'은 ① '마음의 상태 바로 그것'인 동시에 ② '마음을 다스리는(수양하는) 원리'이다. 쉽게 말하면, '경'은 ① '내가 나의 마음을 주재하고 있는 상태'인 동시에 ② '마음이 지향하는 이상적 원리'이다. 경은 심心이 스스로를 비춰 볼 거울로서의 리理를 가졌다는 점에서 팽팽한 긴장감, 경건함을 느끼게 한다. 그리고 이러한 긴장감, 경건함을 통해서 수행은 '자아의 완성'을 목표로 한다. 이처럼 『성학십도』에서는 끊임없이 심心이 성현이 제시한 리와 합치를 지향하고 그 완성으로서 성인의 마음(聖人之心), 즉 인간 본래의 이상적 모습에 도달하는 것이다. 그렇다면

---

8) 「대학도大學圖」의 퇴계가 인용한 『대학혹문大學或問』 부분 참조

이것은 분명히 「십우도十牛圖」의 수행과는 다르다. 「십우도」의 수행(선불교적 수행)에서는 '자아의 완성'보다는, (「인우구망」에서처럼) '자아의 소멸'을 지향한다.

그런데 「십우도」에서의 '자아의 소멸' 역시 넓은 의미에서는 (「반본환원」에서처럼) '자아의 본래적 실상'에 도달하려는 노력이다. 그렇다면 「십우도」와 「성학십도」의 수행은 내적으로 서로 상통하는 점이 있는 것이 아닐까?

경과 선, 그리고 퇴계의 '경의 철학'

'선禪'이라는 말은 원래 명상해서 심신을 통일하는 뜻의 산스크리트어의 다나(dhyāna)를 음역한 것이다. 처음에는 선나禪那라고 했고 뒤에 줄여서 선禪이라 한 것이다. 근대에 일본의 선불교가 세계적으로 통용되면서 일본어의 젠(ZEN, ゼン)이라는 말로 선이 서구에서 소개되었다. 최근에는 젠 대신에 중국어의 음인 찬(ch'an)으로 표기하기도 한다. 선은 의역하여 정려靜慮라고도 하고, 같은 계통의 사마디(samādhi. 三昧)와 결합하여 선정禪定, 선관禪觀으로도 번역한다. 나아가서는 구체적으로 좌선坐禪, 습선習禪, 참선參禪 등과 같은 많은 한자어를 낳았다. 그리고 불교의 수행법인 좌선, 참선은 유가에도 많은 영향을 미쳤다. 신유학에서 말하는 경敬, 거경居敬, 그리고 이러한 공부법을 나타내는 정이程頤의 '주일무적主一無適'(마음을 한 군데 집중하여 다른 데로 흩어져 감이 없음)과 '정제엄숙整齊嚴肅'(옷매무새를 가지런히 하고 엄숙한 모습을 꾸밈), 윤화정尹和靖의 '기심수렴불용일물其心收斂不容一物'(그 마음을 잘 단속하여 한 가지 바깥의 것으로 해서 그 마음이 흔들리지 않음), 사량좌謝良佐(호는 上蔡)의 '상성성법常惺惺法'(항상 또렷이 정신이 깨어 있는 법)은 실제로 이러한 불교의 '명상해서 심신을 통일하는 수행법'에 자극을 받아서 생겨난 것이다.9)

지금 천 원권 지폐 속 퇴계 초상이 있는 면의 왼쪽에는 투호投壺가 있다. 목이 좁은 항아리에 긴 막대를 던져서 집어넣는 놀이이다. 나도 안동 임하댐 가의 어느 고택에서 이 투호 놀이를 해 본 적이 있다. 사실 이것은 정신 집중 없이는 불가능하다. 나무 쪽을 들고 던져 넣을 곳을 향해 마음을 가다듬고 몸의 균형을 유지하고 숨을 고르며 온 정신을 쏟는 것처럼, 이런 조심스럽고 바짝 긴장하는 마음가짐이 경의 출발점이 아닐까.

도산서원에 보관된 투호

그런데 '경敬'이라는 개념은 우선 상제上帝와 같은 나의 바깥에 존재하는 인격적 주재자(타자)에 대해서 외경하는 마음가짐을 말한다. 동아시아의 고대 사회에서는 천天을 상제上帝와 동일시하여 세계를 주재하는 인격적 존재로서 간주하는 경향이 있었다. 상제로서의 하늘은 인간의 선악에 대해서 상과 벌을 주관하고 언제나 나 자신을 지켜보는 엄격하고 두려운 존재이다. 이때의 경이라는 개념은, 지금의

9) 투호는 주둥이가 긴 표주박 모양을 하고 있는데, 나무로 만들고 겉면은 가죽 같은 것으로 싼 놀이 기구이다. 팔뚝보다 조금 긴 나무 쪽을 일정한 거리에서 던져서 투호 속으로 집어넣으며 즐기는 것이다. 놀음놀이라기보다는 마음을 다스리는 것이다. 일명 '정심투호正心投壺'라고도 한다.

속된 말로 표현한다면 엄격하고 부담스럽고 겁나는 그런 존재(혹은 사람) 앞에서 움츠러들며 벌벌 떨며 '쪼는' 마음·모습을 연상하면 된다. 하지만 시대가 지날수록 천天이 리법적·철학적·원리적 혹은 자연적인 것으로 바뀌게 되어 그 인격적 주재성主宰性이 소실되고 만다.

　중국의 송명대에 번성한, 초기 유학과 한당 시대의 유학적 분위기와 색다른 신유학新儒學의 주된 개념인 천즉리天卽理, 천리天理라는 말 속에는 그러한 뜻이 잘 담겨 있다. 즉 하늘은 인격적 주재가 아니라 이제 단순한 리법·원리·법칙·규범일 뿐이며 그것은 나의 바깥 세상에도 존재하는 동시에 나의 내면에도 들어 있다. 인격적 존재가 사라졌기 때문에, 나 자신이 나의 바깥의 보편적 원리이자 내 마음에 내재하는 리법을 어기지 않으며 스스로와 세계를 제어하고 주재해 갈 수밖에 없다.

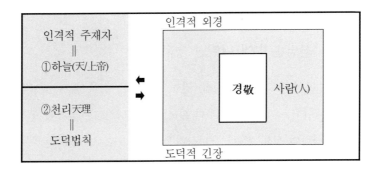

　이런 의미들은 신유학자들이 말하는 거경居敬의 공부 방법에 함축되어 있다. 거경의 공부론은 정이程頤의 '주일무적主一無適'과 '정제엄숙整齊嚴肅', 윤돈尹惇의 '기심수렴불용일물其心收斂不容一物', 사량좌謝良佐의 '상성성법常惺惺法'이 대표한다. 퇴계의 경의 철학은 이런 사상의 흐름을 잇고 있다.

　내 마음의 악과 욕망을 제어하는 것도 바로 내 마음이다. 내 마음을 제어하는 마음이란, 마음 가운데서도 넘치거나 모자람이 있어 욕망·악으로 치우칠 수 있는 정情이 아니라 흐르는 흐린 물의 깊은 곳에 고요한 맑은 물이 있듯이, 욕망과 악의 간여를 받지 않는 순수지선한 본성(性)이다. 정은 기氣와 관련되지만 성은 리理와 관련되어 있다. 퇴계가 말하는 경은 바로 나의 마음이 보편적 원리인 이치와 합치된 엄숙·경건하며 맑고 또렷이 깨어 있는 상태를 말한다. 퇴계 철학은 여기에 중점이 놓여 있다.

그렇다면 퇴계의 심학을 말하면 자연히 리학이 그 속에 포함되어 있기 마련이다. 퇴계의 심학은 나의 바깥과 내 마음 속에 뚜렷하게 빛나고 있는 보편적 원리인 리를 거울 삼아 마음을 거기에 비추어 반성해 보며 엄숙·경건하게 산다는 경의 철학을 내용으로 한다.

퇴계의 '산림은거'에 나타난 경외의 삶

퇴계는 「도산기陶山記」(『퇴계집』 권3) 속에서 '산림을 즐기는 사람'(樂於山林者)을, 현허玄虛(오묘한 허무의 원리)를 사모하고 고상함을 일삼아 즐겨하는 사람과 도의道義를 즐겨하며 심성을 기르기를 즐기는 사람의 두 부류로 나누고, 자신은 후자의 입장을 취하고 있음을 다음과 같이 밝히고 있다.

옛사람 중에 산림을 즐기는 사람을 보건대 두 종류가 있다. 현허玄虛를 사모하고 고상高尙함을 일삼아 즐겨하는 사람이 있고, 도의道義를 즐겨하며 심성을 기르기를 즐겨하는 사람이 있다. 전설前說에 따르면 아마도 제 한 몸을 깨끗이 하여 인륜을 어지럽히는 데로 흘러가 그 심한 자는 조수鳥獸와 무리를 함께하면서도 그르다고 하지 않는다. 후설後說에 따르면, 즐

기는 바의 것은 찌꺼기(糟粕)일 뿐이며 그 전할 수 없는 미묘함에 이르러서
는 구하면 구할수록 더욱 얻지 못할 것이니 즐길 것이 무엇이 있겠는가?
그렇다고 하더라도 차라리 후설을 따라 스스로 힘쓸지언정 전설前說을
따라 스스로 속이지 않을 것이다. 또 어느 여가에 이른바 세속의 영리를
구함이 나의 마음속(我之靈臺)에 들어옴을 알겠는가?10)

퇴계의 입장에서 본다면, '현허玄虛를 사모하고 고상함을 일삼아 즐
거하는 사람'은 '제 한 몸을 깨끗이 하여 인류를 어지럽히는 데 흘러가
그 심한 자는 조수鳥獸와 무리를 함께하면서도 그르다고 하지 않는'
이른바 제 홀로 좋음을 지향하는 자(獨善者)에 지나지 않을 것이다.

그러므로 퇴계가 산림에 은거하고자 한 그 '물러남'의 의미는, 『논어』
「미자微子」의 초楚나라 사람 장저長沮와 걸닉桀溺, 접여接輿 등과 같은
은자들(초기 도가들)이 보여 주었던, 세상과 인연을 끊고 허무虛無를 즐
기던 은둔과는 다르다. 퇴계는 산림에 은거하면서도 독서·강학과 같
은 유학자로서의 자기 수양에 대한 열망을 결코 저버리지 않았다.

퇴계의 『언행록言行錄』 권1 「학문學問」편의 '김성일金誠一 기록'에는,
"신유년辛酉年(퇴계 61세) 겨울, 선생은 도산서원의 완락재玩樂齋에 거처
하셨다. 닭이 울 때 일어나 반드시 장중하게 읊는 것이 있었는데, 그
일편一遍을 자세히 들어 보니 『심경부주心經附註』였다"라는 일화가 보
인다. 『심경부주』는, 중국 송宋나라 때 학자 진덕수眞德秀(호는 西山, 1178
~1235)의 『심경心經』(聖學의 心法)11)에다 명대의 정민정程敏政(호는 篁墩,

---

10) 『퇴계집退溪集』 권3, 「陶山記」, "觀古之有樂於山林者, 亦有二焉, 有慕玄虛, 事高尙
而樂者, 有悅道義, 頤心性而樂者, 由前之說, 則恐或流於潔身亂倫, 而其甚則與鳥獸
同羣不以爲非矣, 由後之說, 則所嗜者糟粕耳, 至其不可傳之妙, 則愈求而愈不得, 於
樂何有, 雖然, 寧爲此而自勉, 不爲彼而自誣矣, 又暇知有所謂世俗之營營者, 而入我
之靈臺乎."

?~1499)이 주註를 붙인 책이다. 『심경부주』는 퇴계가 신명神明과 같이 믿었으며 엄부嚴父와 같이 공경하였던 책이었으나, 주위에서 주희의 논적이었던 육구연의 학문과 관련이 있다는 발언에 따라 잘못된 곳을 바로잡기 위하여 66세 되던 해(1566) 「심경후론心經後論」을 지어 이 책 뒤에 붙였다. 어쨌든, 퇴계가 '도산서원의 완락재에 거처하면서 닭이 울 때 일어나 반드시 장중하게 『심경부주』를 읊었다'고 하는 것에서, 그가 산림에 은거하고는 있지만 항상 성현의 책을 몸 가까이에 두고 그 말씀을 되새기며 스스로를 엄격하게 경계하면서 성학聖學의 습득에 애쓰고 있었음을 알 수 있다.

아마도, 퇴계가 도의를 즐겨하며 은거·강학을 통해서 스스로를 함양해 왔던 심학의 큰 틀은, 그의 나이 68세 때(1568년 6월, 선조 원년) 마지못해 상경하여 벼슬을 하는 도중에 지은 「무진육조소戊辰六條疏」, 그리고 그해 12월에 열 장의 도설(제1 「태극도太極圖」에서 제10 「숙흥야매잠도夙興夜寐箴圖」에 이르는)을 만들어 선조에게 바친 『성학십도』에 잘 드러나 있다.

도산서원 전경과 도산서원 현판

---

11) 성현의 심성 수양에 관계되는 내용들을 여러 경전에서 간략하게 뽑아 만든 책이다.

퇴계의 은거, 즉 '물러남'(退)은 바로 끊임없이 진정한 학문을 진보시키는 것(進學)이었다. 그리고 그 학문의 진보는『성학십도』의 제10도인 「숙흥야매잠도夙興夜寐箴圖」에 인용된 아래의 잠명箴銘 가운데에 나타나 있다. 아주 생생하게 깨어 있는 '또렷한 정신으로 책을 펴서 성현을 마주 대하여, 공자孔子께서 자리에 계시고 안자顏子와 증자曾子가 앞뒤에 서 있는 듯 성현의 말씀을 경청하고 실행하는' 그야말로 '일용日用에 힘쓰고 경외敬畏를 높이는 것'(勉日用, 崇敬畏)[12]이 퇴계의 은거였다.

이른 새벽에 일어나 세수하고 머리 빗고 의관 차리고 단정히 앉아 자세를 바로한다. 이 마음을 다잡아서, 밝기를 떠오르는 태양 같이 하라. 태도를 엄숙하게 겉모습을 단정히 하여 마음을 비워 밝게 하고 조용히 하기를 한결같이 한다. 이에 책을 펴고 성현을 마주 대한다. 공자孔子께서 자리에 계시고, 안자顏子와 증자曾子가 앞뒤에 서 있다. 위대한 스승이 말씀하신 것을 친절히 경청하고 (공자와 그) 제자들이 묻고 따지는 말을 반복해서 참고하여 바로잡아라.[13]

즉 산림에 은거하는 퇴계의 생활은 바로 이런 성현의 말씀을 실천하는 길이었다. 앞뒤·전후·좌우·상하(六合)에 모두 성인의 모습과 말씀으로 꽉 차 있다면, 그 인격적 존재에게 인간은 외경하지 않을 수 없다. 퇴계의 경敬의 철학은 이렇게 폭넓은 내용을 가진다. 우리는『성학십도』에서만이 아니라 현전하는『퇴계선생언행록』등을 통해서도 성현의 말씀을 실천하던 퇴계의 일상적 생활상을 생생하게 엿볼 수 있다. 성현

---

12)『성학십도聖學十圖』, 「숙흥야매잠도夙興夜寐箴圖」.
13)『성학십도』, 「숙흥야매잠도」, "昧爽乃興, 盥櫛衣冠, 端坐斂形, 提掇此心, 皦如出日, 嚴肅整齊, 虛明靜一, 乃啓方冊, 對越聖賢. 夫子在座, 顏曾後先, 聖師所言, 親切敬聽, 弟子問辨, 反覆參訂."

의 말씀과 향기가 깃든 책, 그리고 성인이 말한 변치 않는 이치(常道, 倫常)가 깃든 자연의 앞에 엄숙해지는 것, 그것이 바로 퇴계의 '경'이 아니었을까?

종래 퇴계학을 두고 리학理學이니 심학心學이니 하는 말들이 있어 왔다. 사실 이 문제는 퇴계학의 본질을 따져 묻는 것이기도 하다. 글자 한 자의 차이긴 하나, '리'와 '심'이라는 글자의 내용에 발을 내딛게 되면 그것을 규명하는 일조차 그리 간단한 문제가 아님을 알 수 있다. 퇴계학을 리학이라고 할 경우, 그것은 리라는 개념이 퇴계 사상의 핵심에서 논의되고 있다는 말이다. 그리고 심학이라고 할 경우에는 마음의 경건하고 엄숙한 상태를 말하는 경이라는 개념이 퇴계 사상의 핵심에서 논의되고 있다는 말이다.

퇴계에 있어서 이치(理)는 '죽은' '형식적인' 것이 아니었다. 그것은 내면에서뿐만이 아니라 자연 속에서 살아 움직이는 것이었다. 이치는 성인의 말씀을 통해서 배울 수 있는데, 성인의 말씀은 경전에 담겨 있다. 그리고 성현의 말씀은 자연이 증명을 해 준다. 그래서 퇴계는 성현들이 남긴 말씀과 그것(=말씀)이 담겨 있는 경전을 읽고, 그리고 나아가서는 그것을 눈앞에서 여실히 드러내 보여주는 자연을 보고 배워야 한다고 생각했다. 경전 속의 성인의 말씀과 이치는 나의 내면에서 그리고 눈앞의 자연에서 살아 움직이고 있다. 살아 움직이는 이치(理動) 앞에, 살아서 들리는 성현의 말씀 앞에 퇴계는 경건하게 서 있었던 것이다.

인간도 하나의 자연이지만, 우리 눈앞에 드러나 변화하고 있는 영원한 자연 앞에 서면 인간은 생로병사의 흐름 속에 있다는 스스로의 한계를 느낀다. 젊은 날은 늙고 우리는 자연으로 돌아간다. 귀향하여 나이가 든 퇴계는 자연 앞에 그런 자각으로 서 있었을 것이다. 어린 날 뛰어

놀던 산, 낚시하던 곳, 그런 곳은 이제 나를 알아보지 못한다. 퇴계가 자연 앞에서 느낀 그 외경심은 그의 「메네 긴소」에서 잘 드러나 있다.

어릴 적 여기서 낚시하던 일을 오래 돌이켜보네,
삼십 년 세월 (이곳) 등지고 속세에서 살았네.
나는 시내와 산 모습을 알아볼 수 있는데
시내와 산은 늙은 내 얼굴 반드시 알아보지 못하리.[14]

또한 퇴계는 「지난 을해년 봄에 숙부 송재께서 이곳에서 놀다가 상 청량암에 머무실 제, 내가 여러 형제와 함께 와서 모셨더니 이제 느꺼 운 눈물을 금할 길이 없어 이를 써서 모든 조카와 손자들에게 보이다 —2수」에서 다음과 같이 읊었다.

청량산 절(상청량암) 속에서 옛일을 추억하니
총각 머리였던 것이 지금에 와선 백발이 되었네.
학 등에서 굽어보니 산천은 몇 번이나 변했던고
남긴 시를 거듭 외며 눈물짓네.

거듭 (이 추억어린 청량산을) 찾으면, 내가 사람임을 깨닫네.
흐르는 개울과 복숭아꽃은 몇 번째의 봄이런가?
너희들(퇴계의 조카와 손자들)도 다른 해 언젠가 내 느낌을 알게 되리라.
한때 (나도) 너희와 마찬가지로 소년의 몸이었다는 것을.[15]

---

14) 『퇴계집』권1, 「彌川長澤」, "長憶童時釣此間, 卅年風月負塵寰, 我求識得溪山面, 未 必溪山識老顔."
15) 『퇴계집』권2, 「往在乙亥春, 叔父松齋遊山, 寓上淸凉庵, 滉與諸兄弟侍, 今來不勝感 涕, 示諸姪孫. 二首」, "淸凉寺裏憶音遊, 卅角如今雪滿頭, 鶴背幾看陵谷變, 遺詩三 復涕橫流 重尋唯覺我爲人, 流水桃花幾度春, 汝輩他年知我感, 當時同汝少年身."

이 시에서 퇴계는 변화하는 자연 앞에 서 있다. 소년의 몸은 늙었고, 총각 머리는 백발이 되었다. 퇴계는 추억어린 청량산을 찾아서 자신이 하나의 평범한 인간임을 깨닫고 있다. 자신의 조카와 손자들을 두고, '너희들도 나중에 나의 마음을 알 것'이라는 말을 한다. 동심어린 퇴계의 말은 그대로 진솔한 한 인간의 모습을 드러낸다.

우리를 자연의 일부임을 깨닫게 해 주는 산천. 퇴계에게 있어, 자연은 바로 교과서(경전)였다. 예나 지금이나 변치 않는 자연처럼 성현의 말씀도 영원한 것을 우리에게 일러준다. 그래서 경전의 내용은 바로 자연에 부합하는 것이었다. 인간은 그 자연을 따라 배우고 자연을 통해서 드러나는 변치 않는 성현의 길을 따르는 수밖에 없다.

유한한 인간은 퇴계에 흐르는 물처럼 부지런히 공부하고 자기 연마를 해 가야 한다. 그것은 주희가 다음과 같이 읊은 대로이다.

젊은 날은 늙기 쉽고 배움은 이루기 어렵거늘
한순간의 작은 시간이라도 가벼이 해서는 안 되리.
아직 못 둑 봄풀들의 꿈을 느끼지도 못했는데
계단 앞 오동잎은 이미 서걱서걱 가을 소리를 내누나.[16]

퇴계는 왜 인간이 부지런히 공부를 해야 하는 지를 잘 알고 있었다. 그는 관직에서나 병환 중에서나 학문을 소홀히 하는 것을 참으로 부끄러이 생각하였다. 「연보」 70세조(1570년) 11월의 항목에는 다음의 내용이 실려 있다.

---

16) "少年易老學難成, 一寸光陰不可輕, 未覺池塘春草夢, 階前梧葉已秋聲."

11월에 병으로 피곤하시므로 모든 선비들을 사례하여 보내셨다. 유응견柳應見이 정사精舍에 있으면서 보내온 세 절구에 화답하신 것이 있는데, 그 중 한 수에 다음과 같이 이르셨다.

공자 같은 성인도 오히려 마을을 가리는 사람을 잠언箴言하셨고
증자는 '글로 모여 서로 도와 인을 이룬다'고 이르셨네.
늙어 감에 다시 학문을 함에 소홀함을 깨닫고
헛되이 돌아온 것을 부끄러워하며 또 봄을 기다리네.[17]

이 시에서 "증자께서 '글로 모여 서로 도와 인을 이룬다'고 이르셨네"(曾云文會輔成仁)라는 것은, 『논어』 「안연」편의 "증자는 '군자는 글로써 벗을 모으고, (그 모인) 벗으로써 인을 돕는다'고 말씀하셨다"(曾子曰, 君子以文會友, 以友輔仁)는 데서 온 것이다. 퇴계의 평생은 바로 '이문회우以文會友, 이우보인以友輔仁'의 실천이었다.

퇴계는 「도산십이곡陶山十二曲」(『퇴계집』 유집[외편]) 속의 제5곡에서 다음과 같이 읊었다.

청산靑山은 어찌하여 만고萬古에 푸르르며
유수流水는 어찌하여 주야晝夜에 그치지 아니하는고
우리도 그치지 말아 만고상청萬古常靑하리라.

'만고에 푸르른 청산'과 '주야에 그치지 않는 유수'는 그야말로 '만고상청'한 것이며, 그것은 우리 눈앞에 항상 또렷하게 빛나고 있다. 퇴계는 이 자연의 변치 않는 푸르름을 바라보면서 고인(옛 성인)의 '행하

---

17) 『퇴계집』 권5, 「而得寓精舍四節見投今和其三」, "孔聖猶箴擇里人, 曾云文會輔成仁, 老來更覺疎爲學, 慚愧空還又待春."

시던(다니시던) 길' 즉 '예던 길'을 발견한다. 바로 만고상청의 자연처럼 눈앞에 드러나 있는 성현의 길을 대한다.

또 퇴계는 「도산십이곡」 속의 제3곡에서 이렇게 읊었다.

고인古人도 날 못 보고 나도 고인 못 뵈
고인을 못 뵈어도 예던 길 앞에 있네.
예던 길 앞에 있거든 아니 예고 어쩌리.

여기서 "고인古人을 못 뵈어도 예던 길 앞에 있네"라는 것은, 위의 「숙흥야매잠도夙興夜寐箴圖」의 잠명箴銘에서 말한 '성현을 마주 대하는 것'(對越聖賢)이다. 이렇게 자연 속에는 경전에서 말한 성현의 말씀이 그대로 들어 있다. 다음의 시를 보자.

▪ 「주자께서 서림원에서 지으신 시의 각운자에 맞추어 —2수: 삼월 달에 월란암에 들어가서 잠시 머물다」 중 첫 수

봄산과 옛날 약속이 깊었던 것처럼
올해도 짚신 신고 또 올라서 마주하네.
헛되이 옛 절 그리워함을 다시 와서 느끼네.
어찌 알리오, 숲 속에 깃든 만고에 변치 않는 마음을.[18]

▪ 「한서암에서 비가 온 뒤의 일을 쓰다」

주룩주룩 밤비 내리던 소리
아침에 일어나니 푸른 산 촉촉하네.

---

18) 『퇴계집』 권1, 「和西林院詩韻二首: 三月寓月瀾庵」, "似與春山宿契深, 今年芒屩又登臨, 空懷古寺重來感, 詎識林中萬古心."

(······)
가시나무 삽짝은 조용히 일없고
도서는 사방의 벽에 가득 차 있네.
옛사람은 지금 여기 없건만
그 말씀은 남아 향기롭기만 하네.
바라고 바라노니, 세 이로운 벗
세 오솔길로 와서 책 읽기를.[19]

　　퇴계에게 산거山居는 바로 경전의 내용을 현장 실습해 보는 것이었
다. 자연에서 성현의 말씀을 듣고, 경전의 내용을 자연에서 확인한다.
퇴계는 「퇴계에서 지내면서 이것저것 흥이 일어 ―2수」 중 첫 수에서
이렇게 읊었다.

푸르른 자하봉 밖의 땅을 사서
파아란 시냇가로 거처 옮겼네.
깊이 즐기는 것은 물과 돌뿐이요
크게 볼 만한 것은 솔과 대뿐이라네.
조용한 가운데 철 따라 흥취 구경하고
한가한 가운데 지나간 향기 더듬네.
사립문은 먼 곳에 있어야 할지니
마음 쓸 일은 한 가지 책상뿐이네.[20]

　　푸른 시내와 물소리, 물과 돌, 솔과 대나무, 푸른 강둑과 시내, 이름

---

19) 『퇴계집』 권1, 「寒棲雨後書事」, "浪浪夜雨聲, 朝起青山濕,······圖書盈四壁, 古人不在
茲, 其言有餘馥, 望望三益友, 來從三徑讀"
20) 『퇴계집』 권1, 「溪居雜興二首」, "買地青霞外, 移居碧澗傍, 深眈唯水石, 大賞只松篁,
靜裏看時興, 閑中閱往芳, 紫門宜逈處, 心事一書牀"

없는 풀과 물새들, 햇나물과 밥, 이 모든 것들이 새로운 의미로 다가온다. 경기마競技馬가 앞만 보고 달리듯이 도회지에서 관직에 있을 때는 일하는 방면의 것들만 눈에 들어왔던 퇴계의 눈앞에 퇴계 마을로 '몸 물러나니'(身退)21) 참으로 많은 것들이 보인다. 세상잡사에 밀려나 잘 보이지 않았던 것들도 모두 새로운 의미로 다가온다. 도회지를 벗어난 산거 생활은, 비유컨대 경기마에서 방목마放牧馬로 돌아온 듯한 '관점의 전환'을 보여 준다. 여기서 그는 삶의 진정한 의미 확인으로서의 자연을 대할 수 있다. 자연은 나와 관계없이 저 멀리에 있던 것이 아니라, 눈앞에 있는 그대로의(여실한) 모든 것이 바로 나 자신의 의미로 다가온 것이다.

퇴계는 「퇴계에서 지내면서 이것저것 흥이 일어 —2수」 중의 둘째 수에서 이렇게 읊는다.

황무지 일구니 푸른 강둑 굽어보고 있고
집 얽으니 붉은 바위 마주하고 있네.
산골 시내의 풀은 거의 이름 없고
물새들도 모두 보통 보는 새는 아니라네.
산에 살면서 (『주역』의) '손괘'와 '익괘'를 생각하고
시냇가에 앉아서 '소소'와 '함지'의 음악을 듣네.
햇나물 푹 익히니 맛 좋은데
어째서 반드시 늦은 식사 기다릴 것인가?22)

---

21) 『퇴계집』 권1, 「退溪」, "身退安愚分……."
22) 『퇴계집』 권1, 「溪居雜興二首」, "開荒臨綠岸, 結屋對丹巖, 磵草多無號, 沙禽並不凡, 山居思損益, 溪座廳韶咸, 爛煮新蔬美, 何須待晩饞."

퇴계는 산에 살면서 『주역』의 「손괘」와 「익괘」를 생각하고, 시냇가에 앉아서 '소소'와 '함지'의 음악을 듣는다. '손괘'와 '익괘'는, 퇴계가 도산서원의 완락재玩樂齋에 거처하면서 닭이 울 때 일어나 반드시 장중하게 읊으며 신명神明처럼 믿고 엄부嚴父처럼 공경했던 『심경부주』 가운데, 「징분질욕懲忿窒慾(성냄을 경계하고 욕심을 막음)」 장과 「천선개과遷善改過(선을 보면 옮겨가고 허물이 있으면 고침)」 장에 나오는 것이다. 그리고 물가에서 들었던 '소韶'는 순임금의 음악인 소소簫韶, '함咸'은 황제의 음악인 함지咸池를 말한다. 이렇게 퇴계는 자연에서 『주역』, 『심경부주』와 같은 경서의 내용을 확인하고, 중국 고대 성왕들의 '음악'을 듣는다. '고인古人을 못 뵈어도 예던 길 앞에 있'음을 직관하면서 '성현을 마주 대하는 것'(對越聖賢)이다.

마찬가지로, 「다시 도산의 남동을 가서 보고 시를 지어 남몽오와 금응훈, 민응기와 아들 준, 손자 안도에게 보이노라」라는 시 속에서도 퇴계는 노래한다.

퇴계 가에 터 잡아 산 지
세월 몇 해나 흘러갔는가?
(……)
새가 우니 (『시경』 속) 「소아」의 시를 생각하고
샘물 고요하니 (『주역』의) 「몽괘」를 완상하네.
(……)
어서 좁은 방 지어서
창문으로 맑고 상쾌함을 보리라.
도서는 책 시렁에 넘치고
꽃과 대는 울타리와 담장에 비치리.[23]

퇴계는 「도연명집에서 '거처를 옮기며'라는 시의 각운자에 화답하다 —2수」 중 마지막 수에서 다음과 같이 읊었다.

숲과 시내 사이를 유유자적 거니니
확 트인 듯 마음 즐겁네.
(……)
시내는 소리내어 밤낮으로 흐르지만
산 빛깔은 예나 지금이나 이렇거늘
무엇으로 이내 맘 위로하리.
성인의 말씀 날 속이지 않으리.[24]

즉 퇴계는 '만고상청의 자연'과 '고인의 예던 길'의 흔적인 '성인의 말씀'은 '나를 속이지 않는 것'이라는 확신에 도달한 것이다.

이처럼 퇴계의 성찰은 참으로 절실하다. 그는 "한번 세상의 속박에 빠지게 되면, 빠져 나오려 해도 점점 더 얽혀들게 된다"[25]고 했다. 그래서 그는 "당시當時에 예던 길을 몇 해를 버려두고, 어디 가서 다니다가 이제사 돌아왔는가?"(「도산십이곡」, '제4곡')[26]라고 깊이 반성한다.

퇴계 마을에서, 퇴계를 호로 삼고 은거하게 된 그의 선택은 '경敬'의 철학을 실천하는 것이었다. 그것도 '나를 속이지 않는 성현의 말씀'의 드러남인 자연과 그에 대한 외경심畏敬心에 가득 찬 퇴계의 마음이 경의 철학을 만든 것이었다. 그리고 부언해 둘 것은, 퇴계가 설한 '리理는

---

23) 『퇴계집』 권2, 「再行視陶山南洞, 有作, 示南京祥·琴壎之·閔生應祺·兒子寯·孫兒安道」, "卜居退溪上, 年光幾流邁,……鳥鳴思雅詩, 泉靜瓶蒙卦,……亟謀營環堵, 窓戶看簫灑, 圖書溢皮架, 花竹映楥砦."

24) 『퇴계집』 권1, 「和陶集移居韻」, "逍遙林潤中, 曠然心樂之,……溪聲日夜流, 山色古今玆, 何以慰吾心, 聖言不我欺."

25) 『퇴계집』 권12, 「答李君浩」, "一隆塵網, 欲脫愈嬰."

26) 『퇴계집』 유집(외편).

스스로 움직인다'(理自動)는 창의적인 이론의 단서가, 만고상청하는 자연에 드러나 있는 '고인古人의 예던 길을 예는' 퇴계의 삶 자체에서 추론해 볼 수 있다는 점이다. 퇴계에게서 이치(理)는 죽은 것(死物), 즉 형식적인 존재가 아니라 '성현을 마주 대하는 것'(對越聖賢)처럼 우리들 삶의 표준으로서 눈앞에 뚜렷하고도 생생하게 살아 움직이는 활물이었다.

퇴계 마을에서 퇴계가 쓴 시 속에는, 풀 한 포기 나무 한 그루에도 경이로움으로 가득 차 있다. 일상의 기거 동작과 매일의 생각과 느낌, 이것도 진리 저것도 진리였다. 자연은 그야말로 "한가한 가운데 지나간 향기 더듬네"[27]에서처럼 지나간 향기(=옛날 책)를 더듬을 수 있는 살아 있는 경전(=교과서)이었다. 그 경전은 느리고도, 더디게, 그리고 천천히 우리들 삶의 전체를 통해서 음미되고 읽혀지고 있었다. 그렇다면 현대의 우리에게 자연은 무엇인가? 우리는 자연으로부터 멀어지면서 얼마나 자연을 학대하고 경시해 왔는가? 자연을 대상화하면서 우리는 우리 스스로가 가질 수 있었던 많은 귀중한 의미들을 얼마나 상실하고 말았는가? 우리는 지금 행복한가?

우리는 다음의 『타고르의 회상록』에 나오는 내용을 참고하면 좋겠다.[28]

그는 강 위에 떠 있는 배에 머물고 있었다. 배 위의 작은 오두막 속에서 그는 모든 시인들의 오랜 질문인 '미란 무엇인가?'에 대해 고심하고 있었다. 그는 미에 관한 고대에서 현대에 이르는 책들을 뒤지고 있었다. 그의 오두막

---

27) 『퇴계집』 권1, 「溪居雜興二首」.
28) 이수원, 『삶과 사랑의 미학』(집문당, 1997), 143~144쪽에서 재인용.

은 미학에 관한 거의 모든 책이 있는 작은 도서관이라고 할 수 있었다. '미란 무엇인가?'라는 질문은 그가 평생을 두고 고심하던 문제였다. 왜냐하면 그는 '미란 곧 진리요 신'이라는 느낌을 갖고 있었기 때문이었다.

밤이 깊어졌다. 강은 은빛으로 빛났고, 바깥은 너무나 고요했다. 멀리서 뻐꾸기 소리가 은은히 들려올 뿐이었다. 그는 모든 생각을 잊었다. 그러다 피곤해져 책을 덮고 작은 촛불을 껐다.

그러자 갑자기 커다란 계시가 일어났다!

그가 작은 촛불을 끄는 순간 창문으로부터, 문으로부터, 모든 곳으로부터 달빛이 스며들어와 오두막 안에서 춤을 추기 시작했다.

그 순간 타고르는 큰 경외감에 젖어 말했다.

"나는 그 순간 미가 무엇인지 알았다. 나는 누구에게도 그것을 말할 수 없었고, 아직 그것을 정의 내리지 못했다. 하지만 그 순간 나는 아름다움이 무엇인지 알았다. 그 전적인 고요함, 멀리서 들리는 뻐꾸기 소리, 그리고 서서히 밀려오는 달빛……."

그는 밖으로 나갔다.

그것은 순수한 아름다움 자체였다. 전 존재가 축제를 벌이고 있었다. 그는 자신의 노트에 썼다.

"얼마나 어리석었던가! 나는 미에 대한 정의를 책에서 찾고 있는데, 미는 내 문 밖에 서 있었다니! 작은 촛불이 거대한 빛들의 들어옴을 막고 있었다니!"

퇴계의 산거는, 위의 타고르에 있어서 발견된 미美의 의미처럼, 살아 있는 진리의 발견과 체현이었다. 물론 그 진리는 머리로 얻어진 것이 아니었다. '고인의 예던 길을 예는' 퇴계 스스로의 '온고이지신溫故而知新'의 노력으로 몸소 얻은 것이었다.

퇴계의 산거는 삶의 "일용日用에 힘쓰고 (삶 자체의) 경외敬畏를 높이는 것"(勉日用, 崇敬畏)[29]이었다. 퇴계가 산림 은거(山居)에서 발견한 것은 참으로 위대한 것이었다. 산림 은거를 통해서 퇴계는 자연은 죽은 것이 아니라 살아 있는 진리였고 경전이며 성현의 말씀이라는 것을 깨달았다. 이 점은 현대를 살아가는 우리들에게도 매우 많은 시사를 던져 주고 많은 반성을 하게 해 준다.

---

29) 『성학십도』, 「숙흥야매잠도」 참조

제 **3** 부

『성학십도』의 내용 (1)
— 기본 설계도의 이해

인터넷 속의 『성학십도』 관련 정보

최근에는 퇴계의 『성학십도』에 대한 다음의 정보들을 인터넷을 통해서도 적지 않게 얻을 수 있다.

1. 『성학십도』의 그림에 대한 것[1]
2. 퇴계 일반 정보에 대한 것.[2]
3. 퇴계 관련 동영상에 대한 것.[3]

물론 인터넷 정보 가운데에는 고급한 것도 있지만 그렇지 않은 것도 있다. 따라서 인터넷만 믿고 공부를 게을리 해서는 안 된다. 이 분야 전문가들의 관련 서적이나 글을 입수하여 착실히 읽어 볼 필요도 있고, 나아가서 자신이 『성학십도』를 실제로 읽어 보는 것도 중요하다.

『성학십도』의 배열 순서

『성학십도』의 '성학聖學'이란 글자 그대로 해석하면, '성스러운 학문'을 뜻한다. 그러나 내용으로 들어가 보면 유학의 전개상에 나타난 '성리학性理學'을 가리킨다. 성리학이란 성명性命과 의리義理를 추구하는 학문이다. 여기서 '성명'이란 사서四書의 하나인 『중용』 첫머리에

---

1) 이에 대해서는 아래를 참고할 것.
 · http://member.hitel.net/~nepofive/toigei.htm
 · http://www.jinsa.net
2) 이에 대해서는 다음을 참고할 것.
 · http://my.dreamwiz.com/ohjs7/index.htm
 · http://www.bakyak.co.kr
 · http://faculty.washington.edu/mkalton
 · http://www.dosansowon.com
3) 이에 대해서는 다음을 참고할 것.
 · http://www.toegye500.or.kr/board/main.cgi?board=movie

나오는 유명한 구절 "하늘이 명한 것 이것을 성이라 한다"(天命之謂性)에서 나오듯이 만물의 존재 원리(物理)를 밝힌 것이다. 그리고 '의리'는 인간 사회에서 통용되는 이치(道理)를 말한다.

열 개의 도圖는 ① 「태극도太極圖」, ② 「서명도西銘圖」, ③ 「소학도小學圖」, ④ 「대학도大學圖」, ⑤ 「백록동규도白鹿洞規圖」, ⑥ 「심통성정도心統性情圖」, ⑦ 「인설도仁說圖」, ⑧ 「심학도心學圖」, ⑨ 「경재잠도敬齋箴圖」, ⑩ 「숙흥야매잠도夙興夜寐箴圖」로, 『성학십도』는 퇴계 혼자만의 저서가 아니다.

「태극도」나 그 해설은 중국 북송의 주돈이(호는 濂溪)의 작품이고, 「서명도」 역시 북송의 장재(호는 橫渠)의 것이고, 「대학도」는 조선 시대의 권근이 지은 것이다. 이렇듯이 『성학십도』는 대부분 타인의 저작이다. 이 가운데 퇴계가 직접 만든 것은 주희朱熹가 지어 놓은 『소학』의 내용을 도식화한 「소학도」와 「백록동규도」, 그리고 정복심程復心(호는 林隱)의 도圖를 보충한 「심통성정도」의 일부(중도, 하도)와 진백陳栢(호는 南塘)의 글을 도식화한 「숙흥야매잠도」에 한정된다. 이처럼 『성학십도』는 사실 성리학의 도와 설說 전반을 종합 정리한 편저에 해당한다.

퇴계는 이 열 가지 도식에 각기 본래의 저자나 주희 계통의 유명한 학자들의 이론(說)을 소개하고, 그 자신의 간단한 설명을 덧붙였다. 이 책이 도식 위주로 만들어진 것은 열 가지 부문의 핵심적 요체를 간단명료히 알 수 있도록 하기 위해서이다. 퇴계는 『성학십도』의 각 도에 그 본질적 내용 또는 해설에 해당하는 '설說'(즉 '이론')을 인용하고, 자신의 '설명'을 첨부하였다. 이러한 방법론은 도표라는 가시적 방법만으로 표현할 수 없는 이른바 사상의 '뒤'(後面)와 '속'(裏面) 즉 형이상학적 추상성에 대한 보충 설명(補說)의 성격을 띤다. 따라서 『성학십도』의 편집, 제작에 구사된 주된 방법은 도표이고, 보설補說은 부수적 방법이다.

도圖의 순서	명칭	구성에 따른 저자			
		도圖	설說	해설	보설補說
1	태극도 (太極圖)	주돈이	주돈이	주희	퇴계
2	서명도 (西銘圖)	정복심程復心	장재張載의 「서명西銘」	주희, 양시楊時, 요로饒魯	퇴계
3	소학도 (小學圖)	퇴계	주희(의 「소학제사 小學題辭」	주희(의 『대학혹문 大學或問』의 일부)	퇴계
4	대학도 (大學圖)	권근權近	『대학』의 경문經文	주희(의 경敬에 관한 설)	퇴계
5	백록동규도 (白鹿洞規圖)	퇴계	주희(의 「동규후서 洞規後敍」	별도의 해설 없음	퇴계
6	심통성정도 (心統性情圖)	상도上圖 : 정복심 중中·하도下圖 : 퇴계	정복심	별도의 해설 없음	퇴계
7	인설도 (仁說圖)	퇴계 (문사文辭는 주희 가 지음)	주희(의 「인설仁 說」	별도의 해설 없음	퇴계
8	심학도 (心學圖)	정복심	정복심	별도의 해설 없음	퇴계
9	경재잠도 (敬齋箴圖)	왕백王栢	주희(의 「경재잠 敬齋箴」	오징吳澄, 진덕수眞德秀	퇴계
10	숙흥야매잠도 (夙興夜寐箴圖)	퇴계	진백陳栢(의 「숙흥 야매잠夙興夜寐箴」	별도의 해설 없음	퇴계

『성학십도』의 주된 내용을 그림과 함께 소개하면 다음과 같다.

1. 「태극도」는 우주의 생성론이다. 우주의 생성 속에서 차지하는 인간의 위상(인간이 만물의 영장이라는 면)과 수양까지 언급한 것이 그것에 부속된 『태극도설』이다.

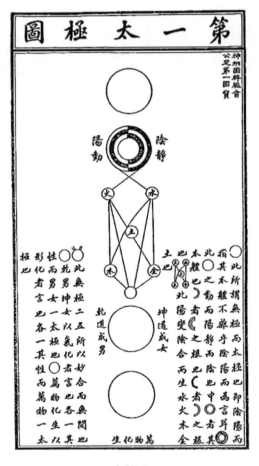

「태극도」

2. 「서명도」는 우주·국가·사회와 나와의 관계를 논한 내용이다. 특히 氣 철학에 의한 나와 우주 만물과의 관계(萬物一體觀) 및 인생관 까지 취급한 내용이다.

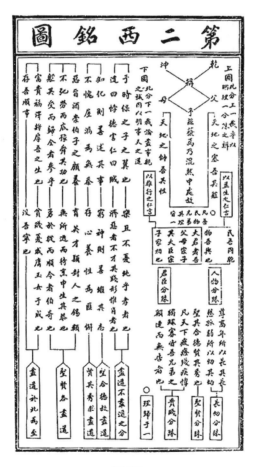

「서명도」

3.「소학도」는 어릴 때부터의 몸가짐과, 대인 관계의 기본 덕목을
가르치는 것이다.

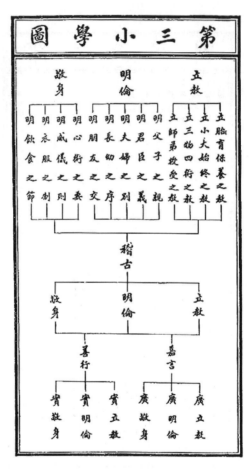

「소학도」

4. 「대학도」에서는 유학의 학문 내용과 학습상의 선후先後와 경중輕重이 드러난다.

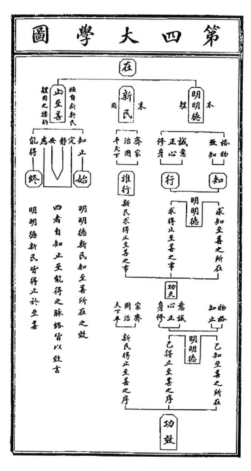

「대학도」

5. 「백록동규도」에서는 인간 관계의 윤리라고 믿었던 오륜五倫의
실천과 그 구체적 방법을 싣고 있다.

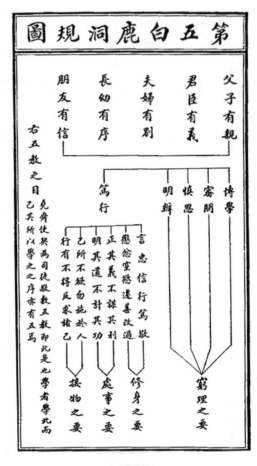

「백록동규도」

6.「심통성정도」는 마음의 구조(체용 관계)와, 선행善行 지향의 관점에서 본 성정性情의 문제를 설명한 것이다.

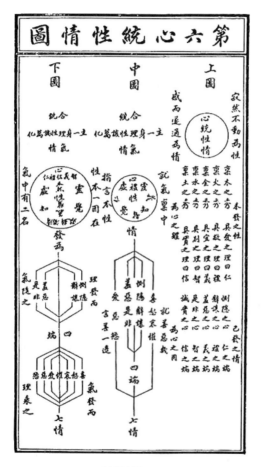

「심통성정도」

7. 「인설도」에서는 인仁의 구현과 확충을 가르치고 있다.

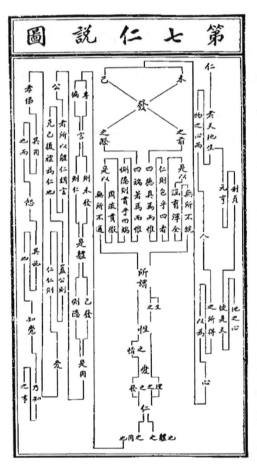

「인설도」

8. 「심학도」에서는 각종 선한 마음과, 마음의 구조 및 경敬과의 관계를 논한다.

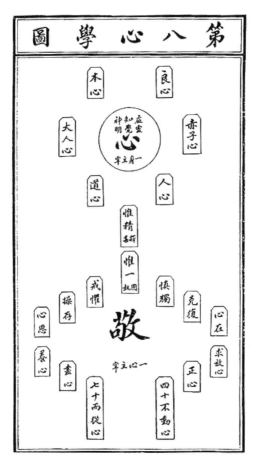

「심학도」

9. 「경재잠도」는 경敬의 상태를 이루기 위한 요령을 구체적으로
제시한 것이다.

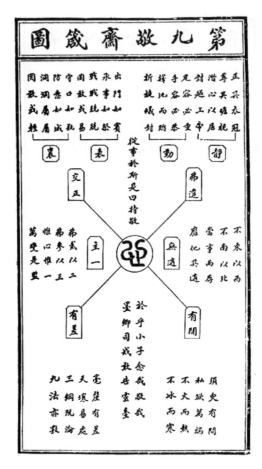

「경재잠도」

10.「숙흥야매잠도」는 학문을 위한 일상적 태도를 명시한 특징을 지니고 있다.

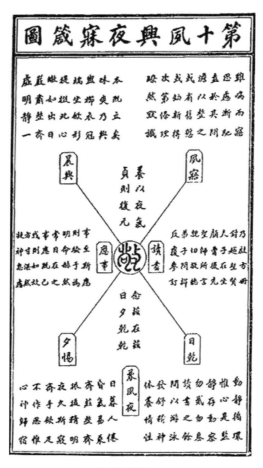

「숙흥야매잠도」

퇴계는 「성학십도」에서 열 개의 도圖를 사상적 특성에 따라 크게 두 부분으로 나누어 설명하였다. 퇴계에 의하면 「제1도」에서 「제5도」까지는,

천도天道에 근본한 것으로서, 인륜을 밝히고 덕업德業을 힘쓰는 데 그 공용이 있다.[4]

라고 하였다. 이 점은 열 개의 도를 구체적으로 살피더라도 확인된다. 퇴계의 경우 태극에 의한 만물의 생성 법칙 자체가 '천도'이다. 따라서 「제1 태극도」는 '천도'를 다룬 예라 할 수 있다. 「제2 서명도」에서 말하는, '물아일체관'을 바탕으로 연장자를 높이고(尊高年) 외롭고 약한 자를 사랑하며(慈孤弱) 온갖 불우한 자들을 나의 동포나 형제로 알고 도와주라는 것이 바로 '덕업'이다. 「제4 대학도」에 나오는 명덕明德을 밝혀 신민新民하는 것 역시 같은 것에 속한다고 할 수 있다. 「제3 소학도」와 「제5 백록동규도」에 나오는 오륜五倫은 모두 '인륜'을 밝힌 것이다.

그리고 퇴계는 「제6도」에서 「제10도」까지는,

심성에 근원한 것으로서, 일상의 실용(日用)에 힘쓰고 경외敬畏의 태도를 높이는 데 요점이 있다.[5]

라고 하였다. 「제6 심통성정도」와 「제7 인설도」야말로 '심성心性'을 깊이 다룬 예이며, 「제8 심학도」 역시 어느 정도는 그러한 성격을 띠고

---

4) 『성학십도』, 「백록동규도白鹿洞規圖」, '퇴계보설退溪補說', "以上五圖, 本於天道, 而功在明人倫懋德業."
5) 『성학십도』, 「숙흥야매잠도夙興夜寐箴圖」, '퇴계보설', "以上五圖, 原於心性, 而要在勉日用崇敬畏."

있다. 「심학도」의 절반을 차지하는 경敬자와 「제9 경재잠도」에 열거된 각종 마음가짐과 몸가짐은 곧 '경외' 바로 그것이다. 또 「제10 숙흥야매잠도」의 내용은 일상생활 속에서 매일같이 경을 실천하는 '일용'에 해당한다.

이로 볼 때『성학십도』는 '천도天道'와 '인륜人倫', '덕업德業'과 '심성心性', '일용日用' 및 '경외敬畏'의 사상을 두루 다루고 있어 성리학의 주요 문제를 종합 정리한 작품임을 알 수 있다.

도圖의 순서	명칭	도의 내용	사상 구성별 분류	
1	태극도 (太極圖)	우주 생성 원리, 인도人道와 천도天道의 관계	천도天道에 근본을 두고 인륜과 덕업을 실천하는 과정에 대한 것	천도➡인간
2	서명도 (西銘圖)	나와 우주의 관계		
3	소학도 (小學圖)	대인 관계의 기본 덕목과 공부하는 방법		
4	대학도 (大學圖)	개인의 인격 완성의 과정		
5	백록동규도 (白鹿洞規圖)	사회적인 인간 관계와 덕행의 실천 방법		
6	심통성정도 (心統性情圖)	심心의 체體와 용用	심성에 근원하여 일상의 실용日用에 힘쓰고 경외敬畏의 태도를 높임에 대한 것	인간➡천도
7	인설도 (仁說圖)	인仁의 실천과 확충		
8	심학도 (心學圖)	심心의 구조 및 심과 경敬의 관계		
9	경재잠도 (敬齋箴圖)	인간 생활과 경敬 공부의 요령		
10	숙흥야매잠도 (夙興夜寐箴圖)	일상적인 공부 방법		

이미 앞에서 지적한 대로 『성학십도』의 핵심은 '경敬'이라는 한 글자에 있다. 이것은 이미 퇴계 스스로가

열 가지 도를 꿰뚫는 것은 바로 경敬입니다.[6]

라고 한 데에 잘 드러난다. 퇴계는 심성의 조절에 있어서도 '진지한/경건한 마음가짐'으로서의 경敬을 제일 중시하였다. 성인 및 성왕이 되는 처음과 끝은 '경'의 마음가짐이라는 것이 『성학십도』의 일관된 이론이다.

퇴계는 '사람의 도리=인도人道'라는 현상적·일상적 이치의 실천과 '하늘의 원리=천도天道'라는 본체적·추상적 원리 사이의 매개를 '경敬'으로 보았다. '인심人心'이라는 현실적·경험적 일상의 마음에서 도심道心이라는 이상적·이념적 마음에 이르는 매개 또한 '경'이다. 천도-도심(즉 '體')과 인도-인심(즉 '用')을 연결하는 것은 바로 '경'이다. 『성학십도』는 형이상학에 속하는 천도와 도덕 실천 및 수양의 사이에 '경'을 붙박아 두고 거기서 하늘의 이치를 부여받은 인간의 주체적 위상을 도출해 내었다.

퇴계는 국가 내에서 군주가 갖는 마음가짐과 그에 따른 매사의 조심스런 결정이 얼마나 중요한가를 잘 알고 있었다. 선조에게 바친 『성학십도』는 다른 말로 하면 제왕학帝王學의 요체이다. 제왕의 학도 성학 즉 유학儒學 일반과 다를 바가 없다고 보는 것이 퇴계의 입장이었다.[7] 『성학십도』의 전문前文인 「『성학십도』를 올리는 글」의 대강을 축약

---

6) 『성학십도』, 「대학도大學圖」, '퇴계보설', "今玆十圖皆以敬爲主焉."
7) 『성학십도』, 「백록동규도白鹿洞規圖」, "且帝王之學, 其規矩禁防之具, 雖與凡學者有 不能盡同者, 然本之彝倫, 而窮理力行, 以求得夫心法切要處, 未嘗不同也."

해 보면, 퇴계가 구상한 '성학'은 다름 아닌 유학 일반의 내용을 기술한 것임을 알 수 있다.

　도道에는 형상이 없고, 하늘은 말이 없습니다. 하도河圖·낙서洛書가 나와서 성인이 이를 근거로 괘효卦爻를 만들었으니(作易) 이때부터 도가 천하에 밝혀졌습니다. 그러나 도는 너무나 크고 넓으며, 옛사람의 교훈은 천만千萬이므로 사람들은 알고 수련해야 할 바를 모르고 있습니다. 모름지기 성학聖學에는 큰 단서(大端)가 있고 심법心法(마음의 수양법)에는 지극히 긴요한 것(至要)이 있는데, 이것을 드러내어 도표를 만들고 해설을 붙여 학문하는 자에게 입도入道의 문과 덕을 쌓는 기틀을 보여 준 것은 후세 현인이 부득이 행하였던 것입니다. 인간의 마음이란 한번 태만히 하여 방종에 흐르게 되면 이를 능히 제어할 수 없는 것입니다. 그러므로 옛 성왕들은 이를 두려워하여 스스로 삼가서,……여러 관직과 제도를 마련하여 학문의 전통을 전하고 자신의 정치와 백성을 가르치는 데 도움이 되게 한 것입니다.……그러므로 덕은 날로 새로워지고 업業은 날로 퍼져 그릇됨이 없게 된 것입니다. 후세의 몇 임금은 천명을 받아 천위를 계승하여 그 책임이 무겁고 큼에도 자기를 수련하기를 잊고 경계하는 엄격함이 없이 오만방자하여 나라를 어지럽게 만들었습니다. 이처럼 군주가 과오를 범하지 않도록 하기 위하여 명신名臣들이 나와서 그 군주를 사랑하고 나라를 염려하는 충정으로 성학의 가장 요긴하고 중요한 것을 '도圖'나 '설說'로 나타내었습니다. 옛 현인, 군자가 성학을 밝히고 심법을 얻도록 하기 위해, '도'와 '설'로써 도를 닦고 덕을 쌓는 기본을 나타낸 것을 본받아, 저는 장래에 유익하게 하기 위해서 『성학십도』를 만든 것입니다.[8]

---

8) 『성학십도』,「진성학십도차進聖學十圖箚」, "天無言語. 自河洛圖書之出, 聖人因作卦爻, 而道始見於天下矣. 然而道之浩浩, 何處下手. 古訓千萬, 何所從', 聖學有大端, 心法有至要, 揭之以爲圖, 指之以爲說, 以示人入道之門, 積德之基. 斯亦後賢之所不得已而作也. 而况人主一心, 萬幾所由, 百責所萃, 衆欲互攻, 群邪迭鑽, 一有怠忽, 而放縱繼之, 則如山之崩, 如海之蕩, 誰得而禦之. 古之聖帝明王, 有憂於此, 是以兢

퇴계는 여기서 『성학십도』를 왕에게 진언하기에 이른 의도를 비롯하여 유학(=학문)의 목적, 방법론을 친절하게 제시하고 있다.

퇴계는 이러한 목적에 합치되는 '도圖'를 선별 채택하여 편집하고, 여기에다 「소학도」, 「백록동규도」, 「심통성정도」의 중·하도, 「숙흥야매잠도」를 현인의 말에 입각하여 자작自作하게 되었다.

기본 설계도의 이해

퇴계의 『성학십도』는 퇴계가 구상한 성학聖學의 멋진 '설계도'이자 퇴계 만년의 사상이 최종적으로 편집되어 형상화된 하나의 거대한 '집'이다. 퇴계의 학문과 지성의 수준은 이것을 통해서 충분히 짐작할 수 있다. 『성학십도』에는 주자학朱子學, 나아가서는 신유학新儒學이 멋지게 집약되어 있어, 이 열 폭의 도圖만으로 주자학, 신유학의 전문 이론을 간이하고도 명료하게 파악할 수 있다. 따라서 『성학십도』는 주자학 및 신유학 핵심 이론의 요약 결정판이라 해도 좋을 듯하다.

競業業, 小心畏愼, 日復一日, 猶以爲未也. 立師傅之官, 列諫諍之職. 前有疑, 後有丞. 左有輔, 右有弼. 在輿有旅賁之規, 位宁有官師之典, 倚几有訓誦之諫, 居寢有褻御之箴, 臨事有瞽史之導, 宴居有工師之誦, 以至盤盂. 几杖, 刀劍, 戶牖, 凡目之所寓, 身之所處, 無不有銘有戒……故德日新而業日廣, 無纖過而有鴻號矣. 後世人主, 受天命而履天位, 其責任之至重至大, 爲如何而所以自治之具, 一無如此之嚴也. 則其憫然自聖, 傲然自肆, 於王公之上, 億兆之戴, 終歸於壞亂殄滅. 亦何足怪哉. 故于斯之時, 爲人臣而欲引君當道者, 固無所不用其心焉. 若張九齡之進金鑑錄, 宋璟之進無逸圖, 李德裕之獻丹扆六箴, 眞德秀之上豳風七月圖之類. 其愛君憂國拳拳之深衷, 陳善納誨懇懇之至意, 人君可不深念而敬服也哉……臣竊伏惟念當初上章論學之言, 旣不足以感發天意, 及後登對屢進之說, 又不能以沃贊睿猷. 微臣憫憫, 不知所出. 惟有昔之賢人君子, 明聖學而得心法, 有圖有說, 以示人入道之門, 積德之基者, 見行於世, 昭如日星. 玆敢欲乞以是, 進陳於左右, 以代古昔帝王工誦器銘之遺意, 庶幾借重於旣往, 而有益於將來." (위의 인용문은 원문을 요약한 것이므로 원문과 번역문이 일치하지 않을 수 있다.)

『성학십도』의 사상적 설계도의 '기본틀'(골격)은 ① 「태극도」, ② 「서명도」, ③ 「소학도」, ④ 「대학도」이다. 이 넷은 퇴계가 「『성학십도』를 올리는 글」에서 말한 '성학의 커다란 단서' 즉 '성학聖學의 대단大端'에 해당한다.

그런데 이것을 좀 더 자세하게 따져 보면, ① 「태극도」는 본원적(심층적)인 원리에 관한 것이고, ③ 「소학도」와 ④ 「대학도」는 현상적(표층적) 이념 및 실제에 관한 것이다. 그리고 ② 「서명도」는 ① 「태극도」와 ③ 「소학도」 · ④ 「대학도」를 연결하는 매개, 즉 본원(심층)/현상(표층)의 절충 부분이다. 이것을 그림으로 표시하면 다음과 같다.

聖學의 大端	현상적(표층적) 이념 및 실제	用	④ ↑ ③
			↕ ②
	본원적(심층적) 원리	體	①

⑦ 「인설도」와 ⑧ 「심학도」는 성학의 대단인 ① 「태극도」~④ 「대학도」의 '보완' 부분이다. 즉 이것은 기본 설계도(① 「태극도」~④ 「대학도」)의 논의 방식을 인간의 '마음(心)'에 적용하여 그 유래와 작용(德/仁), 마음의 본래 모습(人心/현실적 마음)과 마땅히 있어야 할 모습(道心/이념적 마음)을 밝힌 것이다.

⑤ 「백록동규도」와 ⑥ 「심통성정도」는 '확대 · 심화'이다. ⑤ 「백록동규도」는 인륜人倫에 따르는, 다시 말해서 외적으로 자신을 규율하는 것이며, ⑥ 「심통성정도」는 마음의 본체(性)와 작용(情)이 마음(心)에 의해 제어되는(統), 다시 말해서 내적으로 자신을 규율하는 것이다.

여기서 중요한 것은 (① 「태극도」에서) ⑤ 「백록동규도」까지는 천도天道에서 출발하여 나(我)/인도人道를 명시하고 이를 실천하도록 한 것이다. ⑥ 「심통성정도」부터 (⑩「숙흥야매잠도」까지는) 나/인도의 발견, 실행과 그 확장을 통해 천도를 자각하고 그것과 깊이 연결하는 것이다.

①태극도~⑤백록동규도	天道
	↓
	人道
⑥심통성정도~⑩숙흥야매잠도	天道
	↑
	人道

⑨ 「경재잠도」와 ⑩ 「숙흥야매잠도」는 마음 수행의 방법, 즉 구체적 수련법이다.

⑨ 「경재잠도」는 불교의 삼매三昧(samata) 수행법처럼 사물에 이끌리고 바깥으로 향하는 마음을 멈추는(止/定) 원리를 말한다. 마음의 '향방'(地頭=方面=方向)에 주목하여 마음을 단속 수행하는 즉 '장소'를 명시한 수행(공간적 수행법)을 말한 것이다. 이것을 지두공부地頭工夫라고 한다.

⑩ 「숙흥야매잠도」는 마음을 새벽, 아침, 점심, 저녁과 같이 '때'에 주목하여 마음을 단속 수행하는, 즉 '시간'을 명시한 수행(시간적 공부법)을 말한 것이다. 이것을 시분공부時分工夫라고 한다.

수행 방법 = 구체적 수련법	⑨경재잠도	'장소'를 명시한 수행 (공간적 수행법)	地頭工夫
	⑩숙흥야매잠도	'시간'을 명시한 수행 (시간적 공부법)	時分工夫

도는 형상이 없고 하늘은 말이 없다

『성학십도』 ①~⑩까지는 모두 '경敬'의 원리로 일관해 있다. 경은 천도와 인도를 매개하는 것이다. 이것은 퇴계가 「『성학십도』를 올리는 글」에서 말한 '심법의 지극한 요체' 즉 '심법心法의 지요至要'에 해당한다. 그러면 퇴계는 왜 경敬을 상정한 것일까?

퇴계는 「『성학십도』를 올리는 글」 제일 앞머리에서 "중추부 판사 신 이황은 삼가 두 번 절하고 임금님께 말씀을 올립니다"(判中樞府事臣李滉謹再拜上言)라고 말한 뒤,

가만히 생각해 보면, 도는 형상이 없고 하늘은 말이 없습니다.9)

라는 매우 중요한 발언을 한다. 우리가 퇴계의 『성학십도』를 제대로 이해하려면 퇴계 철학의 대강령과도 같은 위의 "도는 형상이 없고 하늘은 말이 없다"(道無形象, 天無言語)는 말에 주목할 필요가 있다. 이 말은 니체(Friedrich Wilhelm Nietzsche, 1844~1900)가 '신은 죽었다'(Got ist tot)고 선언한 것처럼 매우 중요한 발언이다.

퇴계의 「『성학십도』를 올리는 글」과 『성학십도』에는 '천명天命'이란 말이 한번도 나오지 않는다. 그런데 퇴계는 『천명도설天命圖說』 제1절의 앞머리에서 '천명이란 무엇인가?'라는 물음에 대해 '천즉리天卽理'라고 대답하고 있다. 천명의 '명'은 주희의 말대로 '명령(令)과 같은 것'이다.10) 명은 '사물이 생겨나는 시초에 (하늘로부터 명령처럼) 받는 것'

---

9) 『성학십도』, 「진성학십도차進聖學十圖箚」, "臣竊伏以道無形象, 天無言語."
10) 『중용장구中庸章句』, '제1장의 註', "命, 猶令也."
　　『논어論語』, 「옹야雍也」, '亡之, 命矣夫'조의 註, "命謂天命."

(命, 稟於有生之初)[11]이다. 이처럼 하늘(天)은 그냥 있는 것이 아니라 힘, 의지, 상벌의 관장, 주재력을 가진 존재이다. 『용비어천가龍飛御天歌』에서는 천, 천명을 '하늘', '하늘뜯'으로 매우 적절하게 번역하고 있다. 그런데 퇴계에게서는 이런 하늘의 의지는 사라지고 이치(理)로밖에 인지되지 않는다. 이치는 도리이다. 이 도리는 내가 자각하고 행하지 않으면 도리는 도리, 나는 나일뿐이다.

퇴계는 "도는 형상이 없고 하늘은 말이 없다"고 하였다. 따라서 인간이 제멋대로 해도 외부적(타력적)으로 간섭하거나 제어할 존재는 없다. 하늘은 인간에게 이래라 저래라 하는 등 일체의 간섭도 하지 않는, 그냥 도리의 모범만 제시하는 존재이다. 그렇다면 사람은 사람의 도리를 어기지 않으려고 엄숙 경건하게 스스로를 통제·단속하며 살아갈 수밖에 없다.

천도와 인도의 매개로서의 경

세계와 인간 사회에서 스스로의 길을 모색하며 리법 앞에서 그것을 어기지 않으려고 '쪼는' 자세, 태도를 한 글자로 축약하여 표현한 것이 '경'이라는 글자이다. '경'을 매개로 인간은 천과 관계소통·합일의 심리적·내면적 의식儀式을 치른다. 퇴계에서 경은 바로 '심신心身의 신성한 예식을 통한 하늘(天)-사람(人) 공동체의 원리'[12]라고도 할 수 있다.

---

11) 『논어論語』, 「안연顔淵」, '死生有命'조의 註.
12) 허버트 핑가레트, 『공자의 철학』(송영배 옮김, 서광사, 1993), 제1장의 '신성한 예식을 통한 인간 공동체'란 말을 필자가 좀 바꾼 것이다.

‘경’은 그야말로 천도와 인도를 연결하는 것이며, 천도를 구체적으로 드러내 보이는 모습, 태도이다. 퇴계의 『성학십도』에서 천도와 인도가 만나는 곳은 인간의 ‘경’에서이다. 다시 말하면 경은 인도에서 진리(천도)를 ‘검색’(=인지/확인)해 내는 일종의 검색 엔진인 셈이다.

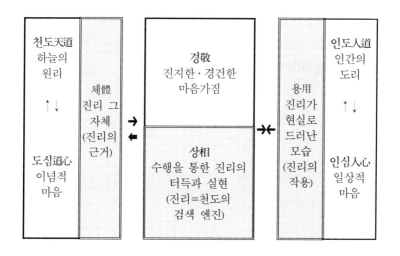

마음(心), 그리고 생각함(思), 배움(學)의 중요성

경은 ‘마음’(心)이다. 마음이 있고 없고에 따라 삶의 방식과 세계의 존재 방식과 양상은 많이 달라진다. 예컨대 남을 돕고 돕지 않는 그런 마음에 의해, 또는 쓰레기 분리 수거를 하는 마음이 있고 없고 등등 마음의 존재 방식에 따라 세상은 얼마든지 달라질 수 있다.

퇴계의 철학은 ‘경의 철학’이고 또한 ‘경의 철학’은 ‘심학心學’ 즉 마음의 철학이다. 이 한 몸(一身)을 주재하며, 외부의 사물에 다가서는(접

촉, 응대하는) 그 마음을 어떻게 잘 제어하며 살아갈 것인가, 살아야만 하는가라는 것이 퇴계 철학의 화두이다.

마음에서 가장 중요한 기능은 '생각함'(思)이다. 생각함은 또한 배움(學)에 의해 그 능력을 보완한다. 그러므로 마음이 마음으로서 활동하고 가치를 발휘할 수 있는 뛰어난 작용은 '생각함'과 '배움'이라는 두 축이다. 수레의 두 바퀴나 새의 양 날개처럼 말이다. 퇴계의 성학의 근저에는 생각함과 배움이 큰 축으로 서 있다. 퇴계는 '생각함'과 '배움'이라는 두 축이 그 본래의 값(本來性)을 잘 발휘하기 위해서는 경의 상태를 지키는 것, 즉 지경持敬을 요청해야 하는 것으로 보았다. 이 경은 이론과 실천을 관통하는 것이었다. 이렇게 해서 퇴계는 수기치인修己治人을 축으로 하는 전통 유학을 경으로 일관하는 학문 체계로 다시 이해해 간 것이다.

결국 퇴계가 말하는 경의 철학을 배로 비유하자면, 배의 양측에 생각함과 배움이란 두 엔진을 장착하고 지경으로 키를 잡는 거대한 배이다. 경이라는 마음의 존재 방식을 테마로 하여 만들어진 이 배는 배우는 사람들이 성인과 같은 큰 인물이 되기를 희망하고, 나라를 다스리는 최고의 위치에 있는 임금이 성군이 되는 그런 희망의 나라로 가고자 한다.

『성학십도』의 요약도

이상에서 논의된 것을 요약하여 도표로 나타내면 다음과 같다.

『성학십도』의 기본 설계도								
천도天道→인도人道❶~❺					인도人道→천도天道⑥~⑩			
기본틀 (골격)	❶ 태극도	성학 聖學 의 대단 大端	(확대·심화) →	❺ 백록동규도	(수행 방법 = 구체적 수련법) →	⑨ 경재잠도	지두공부 地頭工夫 (공간적 공부론)
	❷ 서명도						
	❸ 대학도			⑥ 심통성정도		⑩ 숙흥야매잠도	시분공부 時分工夫 (시간적 공부론)
	❹ 소학도						
	↑ (보완)						
	⑦ 인설도						
	⑧ 심학도						

지경持敬		
학學→	경敬 (心法의 至要)	←사思
↑		
도무형상道無形象·천무언어天無言語		

제**4**부

『성학십도』의 내용 (2)
— 각 도에 대한 설명

이미 언급했듯이 『성학십도』는 퇴계의 머리 속에 구상되어 있던 유학儒學, 그리고 이에 기반한 철학의 체계적 표현이었다. 퇴계는 자신이 구상하고 있던 유학 내지 철학의 체계를 소년 왕 선조에게 알려 그가 성군이 되는 데 도움이 되기를 간절히 바라고 있었다.

그런데 문제는 신하인 퇴계가 군주에게 자신의 말을 가지고서 제왕으로서 지녀야 할 학문 지식이나 구체적인 수양·실천을 촉구한다는 것은 당시의 상식으로서는 삼가야 할 일로 쉬운 일이 아니었다. 그래서 그는 유학적 지식인이라면 알아야 할, 예전부터 전해오는 성현 및 기타의 유학자들의 말을 빌어서 표현할 수밖에 없었다. 타인의 말에 의탁해서 자신의 생각을 겸손하고도 완곡하게 표현하는 방식은 전통 사회의 유학자들이 흔히 쓰는 방식이었다.

퇴계는 남들의 말을 하나하나 인용해 가면서 자신이 68년의 생애 동안 축적해 온 유학의 철학 사상 체계를 이론과 실천의 두 방면에서, 『성학십도』 그리고 그 전문前文에 해당하는 「『성학십도』를 올리는 글(進聖學十圖箚)」을 통해 표현했다. 더욱이 그는 각 도의 끝에 보충 설명(補說)을 붙여 두어 십도十圖의 사상 내용의 체계적 구성을 이론적으로 차근차근 밝혔다. 이처럼 방대한 유학의 사상 체계를 축약하여 간명하게 개진하는 일은 퇴계 같은 학식이 아니고선 불가능했을 것이다.

이제 나는 지금까지 서술한 것을 토대로 퇴계가 『성학십도』에서 말한 본질적인 것이 무엇인가를 말해 볼 것이다. 다만 여기서는 원문에 토대한 상세한 설명은 생략하고 그 본질적이고도 핵심적인 의미만을 뽑아서 해설하고자 한다.

그리고 각 도에 대한 해설은 경우에 따라서는 많아질 수도 있고 적어질 수도 있다. 양의 균일한 안배보다는 내용의 흐름에 중점을 두고 서술하였다.

■ 『성학십도』의 전문前文 — 「『성학십도』를 올리는 글」

퇴계는 여기서『성학십도』를 올리는 이유를 겸해서 자신의 생각에 따라 유학의 목적과 방법을 밝히고 있다.

그는 이 글의 앞부분에서 "성학聖學에 대단大端(큰 단서)이 있고, 심법 心法에는 지요至要(지극한 요점)가 있다"고 한 것은『성학십도』나아가 서는 퇴계의 사상 전반을 두고 볼 때도 대단히 중요하다.

'성학의 대단'이란 유학 사상에서 말하는 도체론道體論이다. 도체론 이란 도의 본체(본질)에 대한 이론으로서 현대의 철학적 용어로 말하면 세계관이나 존재론에 해당하는 이른바 형이상학이다. 이것은 실천을 위한 이론 즉 바둑을 두기 위해서 필요한 '바둑판'('서명도」 참조)에 해 당한다.

'심법의 지요'란 인간의 마음 수양 방법(수양론, 공부론)을 가리키는 것이다. 이것은 이론에 따른 실천 즉 바둑판에서 직접 '바둑을 두는 것'('서명도」 참조)에 해당한다.

이 이론(바둑판)과 실천(바둑두기)에 모두 통하는 것은 결국 사람의 마음이다. 마음은 일신一身의 주재主宰이다. 인간의 관觀·염念(의식), 그리고 행위·행동의 모든 단서(계기)는 마음에서 생겨난다고 퇴계는 본다.

퇴계는 마음에서 가장 뛰어난 작용을 '생각함'(思)이라고 보았다. 또 한 생각하는 것은 그것만으로는 부족하여 '배움'(學)을 필요로 한다고 하 였다. 퇴계가『성학십도』를 통해서 구상한 '성학聖學'은 이 생각함과 배 움이 서로 드러나고(互發) 서로 도움을 주는(互益) 것이다. 그래서 생각함 과 배움, 앎과 행위(실천)는 상호 보완적일 수밖에 없다고 본다.

그리고 마음에서 뛰어난 두 가지 작용인 생각함과 배움이 그 본래의 값(꼴값, 본래성)을 잘 발휘하기 위해서 '경의 상태를 간직하는 것'=지경持敬이 필수적이라고 하였다. 그래서 퇴계는 경을 간직하는 것은 생각함과 배움(思·學)을 겸하고, 움직임과 고요함(動·靜)을 꿰뚫고, 안과 바깥(內·外)을 합하고, 드러남과 숨음(顯·微)을 하나로 하는 길이라고 하였다.

퇴계는 여기서 자신의 철학이 경으로서 일관한 유학의 체계임을 분명히 하였다. 그의 철학은 마음의 존재 방식을 말하는 '경'의 철학이었다.

■ 제1도 「태극도」

전통적으로 보면, 예컨대 유가의 『대학』, 『중용』, 『논어』, 그리고 도가의 『노자』와 『장자』에서 알 수 있듯이, 책의 맨 처음에 두는 구절이나 문장은 매우 큰 의미가 있다. 다시 말하면, 제일 앞에 그 책이나 글의 대강령(기본 원리나 목적), 요체에 해당하는 것이 있고 그것을 근본으로 하여 조목조목 풀어 가는 연역적 체계를 갖는다. 퇴계의 『성학십도』에서도 일단 이 점에서는 예외가 아니다.

우리는 흔히 '천지도 모르고 날뛴다', '철없이 날뛴다'고 한다. '천지'는 '하늘과 땅'이다. '철'은 '계절'을 말한다. 하늘과 땅, 철(계절)을 안다는 것은 공간과 시간 즉 '우주宇宙'를 안다는 말이다. 천지를 알고, 철이 드는 것(우주의 원리를 이해하는 것)은 학문, 철학 사상의 공부에서 매우 중요하다. '이 뭐꼬?'가 풀려야, '나는 누구인가, 어떻게 살 것인가'의 문제가 풀린다.

제1도 「태극도太極圖」에서는 하늘과 땅, 철(계절)에 해당하는 이른바 세상이 돌아가는 원리(세계 존재의 리법)와 그에 따라 사람이 살아가는 원리(인간 존재의 리법)가 서로 함께 딱 들러붙어 세계와 인간이 상즉적 相卽的으로 논의되고 있다. 세계의 길과 인간의 길이 함께 있음, 그리고 인간의 위치와 위대성, 인간이 인간답게 사는 것이 제시되고 있는 이 「태극도」는 사람으로 말하면 두뇌에 해당한다고 할 만큼 중요하다.

그래서 아래에서는 좀 장황하겠지만 필요한 내용을 설명하고자 한다.

철학은 우주 대자연에 대한 '경이'에서 출발

흔히 철학은 경이驚異(thauma)에서 출발했다고 한다. 인간이 우주 속에서, 대자연에서 처음 경험한 것은 아마도 바깥 세상에 대한 '경이'일 것이다. 플라톤(Platon, BC 428~BC 347?)의 제자인 희랍의 철학자 아리스토텔레스(Aristotels, BC 384~BC 322)는 그의 유명한 저서 『형이상학形而上學(Metaphysica)』 제1권에서, 무엇인가를 의문하고 경이롭게 여기는 사람은 스스로를 무지無知로 생각하고 이 무지에서 벗어나기 위하여 '지혜智慧 구하기=철학'을 하기 시작한다고 보았다. 다시 말하면 경이는 바로 철학함의 시초인 것이다. 이 점은 인도이든 중국이든 고대의 철학자들에게 별반 다를 바가 없다.

경이에 찬 우주와 자연에 대한 인간이 '왜?' 혹은 '무엇인가?'(이 뭐꼬?)라고 묻는 것은 지극히 당연하다. 실제로 동서양의 대부분의 철학 사상가들이 우주 만물의 생성을 설명하는 데 관심을 기울여 우주론宇宙論(cosmology), 존재론存在論(ontology), 형이상학形而上學(metaphysics)을 구축하고 나서 이를 토대로 인간론, 수양론, 윤리학을 논의하고 있다. 이것은 인간이 '세상은 어떻게 있는가?'라는 우주 및 환경에 대한 인식에서 출발하고 이를 토대로 '나는 누구인가?', '어떻게 살 것인가?', '무엇을 어떻게 할 것인가?'로 나아감을 말해 준다.

우리가 살고 있는 하늘(天)과 땅(地)의 구조, 인간 사후死後의 세계인 저승/천국/천당의 존재에 대한 앎(知)은 곧 내가 어떻게 살아가야 하며 또 구체적으로 행동해야 하는지를 알려 주는 주요한 지침/기준이 된다.

우주론 — '인간'의 지위와 인문적 길을 명시하기 위한 방법

우주론은 우주의 형태나 기원(생성)·종말(운명) 등에 대하여 탐구하는 것이다. 우주론에는 그 구성을 다루는 우주형태론(cosmography)과 그 기원을 다루는 우주생성론(cosmogony)이 있다. 그런데 『구약성서舊約聖書(Old Testament)』의 처음을 장식하는 「창세기創世記(Genesis)」에서 천지 창조를 다루고 있듯이, 인도 고대의 경전인 『리그 베다(Rig-Veda)』에 천지 창조의 찬가가 나오듯이, '우주의 생성이나 기원'은 인간의 가장 본질적인 물음이라 할 수 있다.

우주란 공간적·시간적인 세계 일체를 포괄하는 개념이다. 『회남자淮南子』「제속훈齊俗訓」에서는 '우宇'를 '천지사방天地四方'의 무한 공간으로, '주宙'를 '고왕금래古往今來'의 무한 시간으로 풀이하고 있다.

우리는 절이나 교회에 가면 그 배치나 분위기에 맞추어 자신의 모습을 가다듬고 '누울 자리를 보고 발을 뻗는다'는 속담처럼 여러 면에서 공간에 맞추어 적절히 사고하고 행동한다. 그리고 수업 시작이나 기차 출발 전에 닿으려고 시계를 보며 서두르며 여러 면에서 시간에 맞추어 적절히 사고하고 행동한다. 이것은 분명히 시간과 공간이 인간의 의식, 행동을 좌우하고 있음을 보여 준다.

이처럼 시간과 공간은 인간의 환경 인식의 핵심을 차지한다. 인간 세계의 질서(logos)는 시공간의 출현으로 성립한다. 질서를 의미하는 명사형 '로고스'(logos)는 고대 그리스 철학 시대부터 여러 가지 의미로 사용되어 왔다. 로고스는 수집·계산·목록·말(語)·설명 등 여러 뜻을 가지고 있다. 로고스는 그리스어 레게인(legein)이라는 동사가 그 어원이다. 레게인의 어근語根은 레그(leg)인데, 그것은 '모으다'의 뜻을 가지고 있다. 그런데 '모으다' 또는 '모인다'는 말은 모으고 모이는 방식과 순서에 따라 평가가 다르게 된다. 따라서 이 동사에서 '모으다' 외에 '(수를) 헤아리다', '매거枚擧하다', '말하다' 등이 나오게 되었다.

시공간의 탄생에 의해 우주의 혼돈混沌(chaos) 상태는 종말을 고한다. 『장자莊子』「응제왕편應帝王」편에는 다음과 같은 이야기가 나온다.

남해의 신을 숙儵이라 하고, 북해의 신을 홀忽이라 하고, 중앙의 신을 혼돈混沌이라고 한다. 숙과 홀은 때로 서로 함께 혼돈이 있는 땅에서 만나곤 했는데, 그때마다 혼돈은 매우 훌륭하게 대접을 해 주었다. 이렇게 은혜를 입은 숙과 홀은 혼돈의 은덕에 보답할 것을 다음과 의논하였다. "사람에게는 모두 일곱 개의 구멍이 있어 이것으로써 보고 듣고 먹고 숨쉬는데 이 혼돈만은 이것이 없다. 우리가 한번 그 구멍을 뚫어 주세"라고 그래서 그들은 하루에 한 구멍씩, '눈'·'코'·'입'·'귀' 즉 일곱 개의 구멍(七竅)을 뚫어 나갔다. 7일이 걸려 다 뚫자 그만 혼돈이 죽어 버렸다.[1]

---

1) 『장자莊子』,「응제왕應帝王」, "南海之帝爲儵, 北海之帝爲忽, 中央之帝爲渾沌, 儵與忽時相與遇於渾沌之地, 混沌待之甚善, 儵與忽謀報渾沌之德曰, 人皆有七竅以視聽食息, 此獨無有, 嘗試鑿之, 日鑿一竅, 七日而渾沌死"

남해 · 북해 · 중앙과 같은 '공간', 7일이라는 '시간', 그리고 이를 감지하며 인위적(=반자연적) 판단(감정 · 가치 · 사실 · 존재의 판단)을 만들어 내는 '감각 기관'의 출현으로 혼돈은 죽어 버렸다는 이야기이다.

혼돈의 죽음은 곧 인간적 질서의 탄생을 의미한다. 혼돈의 죽음으로 출현한 질서의 세계는 인간의 지위/위치를 명확히 해 준다. 동양에서 흔히 이야기되는 천天과 지地 그리고 인간(人)이라는 삼재三才, 삼극三極의 인식이 그것이다.

마치 어느 시인이 '신이여 내가 죽고 없다면 당신은 무얼 하시겠습니까?'라고 말했던 것처럼, 인간(人)이 없으면 천지天地의 의미는 없다.

『주역周易』 '비괘賁卦'에서는 "천문을 살펴 때의 변화를 알아내고, 인문을 살펴 천하의 교화를 이룬다"(觀乎天文, 以察時變, 觀乎人文, 以化成天下)라고 하여 천과 인을 짝지었고, 같은 책 「계사전繫辭傳」 상권의 제4장에서는 "위를 올려다보고 천문을 살피고, 아래를 내려다보고 지리를 알아낸다"(仰以觀於天文, 俯以察於地理)고 하여 천 · 지와 그것을 관찰하는 인간의 세 축을 말하고 있다.

이어서 「계사전」 하권의 제10장에는 "천도가 있고, 인도가 있고, 지도가 있다"(有天道焉, 有人道焉, 有地道焉)라고 하여 천지인 삼재의 도리 즉 천도, 지도, 인도를 분명히 밝히고 있다.

고려 말 조선 초의 개국공신이자 학자인 정도전鄭道傳(호는 三峰, 1337~1398)은 천 · 지 · 인 삼재와 관련해서 이렇게 말했다.

일월성신은 천의 문이고, 산천초목은 지의 문이고, 시서예악은 인의 문이다. 그런데 천은 기氣로, 지는 형形으로, 인은 도道로 말미암는다. 문文은 도를 싣는 그릇이다. 인문人文은 그 도道를 얻어서 시서예악의 가르침(詩書

禮樂之敎)을 천하에 밝히고, 삼광三光의 운행에 따르고, 만물의 마땅함을 다스림을 말하는 것이다. 문의 성함은 이러한 데에 이르러 극에 달한다.[2]

여기에는 인문人文의 길이 보다 구체적으로 명시되어 있다. 문文이 란 문양紋樣, 무늬를 말한다. 인문은 도道를 얻어서 시서예악의 가르침 (詩書禮樂之敎)을 천하에 밝히고, 삼광三光(일·월·성신 즉 자연 현상)의 운 행에 따르고, 만물의 마땅함을 다스림을 말하는 것이다.

삼광의 운행에 따르는 것은 일월성신의 '천지도'로서 자연학(자연 과학)에 해당하며, 만물의 마땅함을 다스리는 것은 산천초목의 '지지 도'로서 사회학(사회과학)에 해당한다. 인문학(인문과학)은 시서예악의 가르침을 천하에 밝히는 것을 바탕으로 해서 자연학(자연과학), 사회 학(사회과학)의 조화를 지향하는 것이다. 그러므로 인문학은 유기劉基 의 말대로 "천지의 숨은 이치를 드러내고 사물의 미묘한 본성을 밝히 며 인간 만사의 변화를 탐구하는"(闡天地之隱, 發物理之微, 究人事之變)[3] 것 이다.

공자가 『논어』, 「위령공」에서 말한 대로 "인간 스스로가 스스로의 길을 넓혀 가는 것이지, 길이 인간을 넓히지는 않는다."(子曰, 人能弘道, 非道弘人) 우주 속의 인간의 지위는 바로 여기에 있다.

---

2) 『삼봉집三峰集』 권3, 「도은문집서陶隱文集序」, "日月星辰, 天之文也, 山川草木, 地 之文也, 詩書禮樂, 人之文也, 然天以氣, 地以形, 人則以道, 文者載道之器, 言人文也, 得其道, 詩書禮樂之敎, 明於天下, 順三光之行, 理萬物之宜, 文之盛至於此極矣."
3) 유기劉基, 『성의백유문성공문집誠意伯劉文成公文集』, 「욱리자서郁離子序」.

휘날리는 태극기를 보며, '태극'의 의미를

사실 우리는 8.15 독립 기념일 등의 국가 경축일慶祝日이나 우리의 국기國旗인 태극기太極旗 게양을 통해서 '태극太極'이란 말을 일상 생활에 널리 사용해 왔다. 어디 그것뿐인가? 내가 어릴 때 어른들로부터 듣곤 하던 "♪ 태극기 흔들며 임을 보낸 부산 정거장… ♪"에서부터 "♪ 태극기가 바람에 펄럭입니다. 하늘 높이 아름답게 펄럭입니다.…♬"라는 우리들의 귀에 익은 노래에 이르기까지 태극기가 나오는 노래 또한 많다. 특히 아직도 우리의 뇌리에 생생한 '대~한민국'으로 떠오르는 저 2002년 월드컵 때에 붉은 악마에 의해 물결치던 '태극기太極旗', 그리고 축구를 세계 4강에 이르게 한 '태극전사太極戰士'의 태극 마크, 더욱이 최근에 흥행에 성공한 영화 <태극기 휘날리며>의 태극기. 우리는 아침에 일어나서 잠들 때까지 TV, 신문, 영화 등을 통해 거의 매일 '태극기'나 이와 관련한 말과 영상을 접한다고 해도 과언이 아니다. 그런데 우리의 근·현대사에서 태극기에 얽힌 추억은 그렇게 긍정적인 것만은 아니다. 태극기 앞에서 우리는 불운한 역사를 떠올리기도 한다.[4] 휘날리는 태극기 속의 태극 마크를 생각해 보자! 우리는 지금 무슨 생각을 하고 있는가?

과거 우리는 극장에서, 아침 조례 시간에 일제히 일어서서 국기와 국가國歌, 국가國家에 경의를 표해야만 했다. 시인 황지우는 그 장면을 이렇게 묘사하고 있다.

---

4) 이에 대해서는 소설가 김영하의 「태극기 단상」을 보면 좋겠다.
   (http://www.photogame.pe.kr/CHAE/flag1/kim.html)

새들도 세상을 뜨는구나

영화가 시작하기 전에 우리는
일제히 일어나 애국가를 경청한다.
삼천리 화려 강산의
을숙도에서 일정한 군을 이루며
갈대 숲을 이륙하는 흰 새떼들이
자기들끼리 끼룩거리면서
자기들끼리 낄낄대면서
일렬 이열 삼렬 횡대로 자기들의 세상을
이 세상에서 떼어 메고
이 세상 밖 어디론가 날아간다.
우리도 우리들끼리
낄낄대면서
깔쭉대면서
우리의 대열을 이루며
한 세상 떼어 메고
이 세상 밖 어디론가 날아갔으면
하는데 대한 사람 대한으로
길이 보전하세로
각각 자기 자리에 앉는다.
주저앉는다.

송대 신유학자들이 태극도를 모든 사상의 첫머리에 두고자 했던 의
도는, 마치 우리의 역사에서 보여지는 '태극기=국기'에 대한 '차려'와
'경례'처럼, 학문과 사상의 면에서 보여지는 정신 무장 내지 기초 다지
기라 할 수 있다. 이 점은 퇴계에 있어서도 마찬가지이다.
　퇴계는 이 「태극도」의 이해 없이 유학에서 제시하는 세계와 인간의
이해가 매우 약하다고 생각했을 것이다.

송학의 출발점이 된 『태극도설』

주자학파의 주요 교과서로서 『사서집주四書集註』와 『근사록近思錄』이 있다. 이 가운데 『근사록』은 송학의 『논어』로 불릴 만큼 주자학파의 필독서이다. 이것은 양명학파의 교과서 격인 『전습록傳習錄』에 비견되기도 한다.

『근사록』의 첫머리에는 다름 아닌 주돈이의 『태극도설』이 장식되어 있다. 그런데 그 이유는 무엇인가? 『근사록』의 '근사近思'란 말은 『논어』 「자장子張」의 "널리 배우고 굳게 뜻을 세우고, 절실히 물으며 가까이 있는 것에서 생각한다"(博學而篤志, 切問而近思)에서 이름을 딴 것이다. 이 책은 남송대의 주희朱熹가 그의 친구 여조겸呂祖謙과 함께 엮은 것이다.

『근사록』은 「도체道體」, 「논학論學」, 「치지致知」 등 문제별로 14편의 구성으로 되어 있다. 각 편에 수록된 문장은 주돈이, 정호, 정이, 장재와 같은 기라성 같은 북송北宋의 선배 철학자들의 저서에서 일상의 생활에 필요한 것만을 뽑아서 초학자들이 읽기 쉽도록 분류·편집한 것이다.

14편 중 맨 처음에 실려 있는 「도체」는 도道의 본체를 설명한 것이다. 여조겸은 「도체」를 끄트머리에 두어야 한다고 주장했으나, 주희는 「도체」를 읽어 도의 큰 이치를 알고 제2부문으로 들어가야 한다고 주장하였다. 결국 주희의 주장대로 「도체」는 『근사록』 맨 처음에 놓이게 되었다. 「도체」 본문의 첫머리에는 "이 편篇은 성性의 본원本源과 도의 체통體統을 논한 것으로, 학문의 강령이다"라고 언급되어 있다. 또한 그들은 주돈이의 『태극도설太極圖說』을 도체의 제일 앞부분에 싣고 있는데 이를 통해 이것을 얼마나 중시했는지를 알 수 있다.

『태극도설』은 주자학의 이론 체계의 연원을 이루는 것이기도 하다. 주자학을 존중한 퇴계에 있어서는 말할 것도 없다.

주돈이의 『태극도설』의 의미

퇴계 『성학십도』의 「태극도」는 북송의 주돈이周惇頤가 지은 『태극도설太極圖說』에서 빌려 온 것이다. 『태극도설』은 「태극도」라는 하나의 그림과 그것을 설명한 약 250자의 '설說'로 이루어져서, 우주 만물의 생성 과정을 나타냄과 동시에 우주 속에서 인간이 갖는 위치와 자세를 논한 것이다. 다시 말하면 '만물의 근원은 우주의 본체인 태극이며, 만물의 중심은 사람이다'라는 것이다.

즉 만물의 근원은 태극이다. 이 태극은 우주에 존재하는 위대한 원리라는 면에서 말한 것이다. 그러나 이 원리는 감각할 수 없다. 따라서 무극無極이라고 한다. 태극은 동動·정靜의 상태를 되풀이하여 움직일 때는 양陽의 기운이, 정지할 때는 음陰의 기운이 생기며, 그 음과 양의 변화·결합에 의해 수水·화火·목木·금金·토土의 오행五行이 생기고, 태극과 음양·오행이 혼연 융합하여 서로 결부되며, 천지 분화에 따라 남녀男女(雌雄·牝牡를 포함)가 성립되고, 만물이 생겨난다. 그리고 만물 가운데서도 사람이 가장 뛰어난 존재이며, 특히 성인聖人은 중정中正한 사람의 도道를 확립하였다고 논한다.

우주 만물 생성(혹은 소멸)의 논리적 과정의 도식은 아래와 같다. 만물에는 이러한 우주적 철학적 '의미'와 '논리'가 바코드(Bar Code)처럼 박혀 있다고 주돈이는 생각했다.

무극無極(有的無)
　O (=☯)　　⇄　음陰(靜)　⇄　오행五行　　⇄ 만물萬物
태극太極(無的有)　　　양陽(動)　　　(木·火·土·金·水)

인간은 시공간적으로 유한한 존재이다. 그러나 유한한 인간 존재의 본질은 태극太極이라는 궁극적 존재와 동일한 것이다. 태극의 '극'은 가장 높은(岻) 곳에 있는 나무(木)라는 뜻으로 가옥의 지붕 제일 꼭대기에 있는 주된 마루(마룻대)를 가리킨다. 이것을 지붕마루 또는 용마루·종마루·옥척屋脊이라고도 하는데, 가옥에서 가장 중요하고도 높은 데 걸려 있어 중심을 이루며 서까래의 받침이 된다.

송학宋學을 집대성한 남송南宋의 주희朱熹는 태극을 리理라 해석하고, 이를 바탕으로 자신의 리기철학理氣哲學 이론을 완성시켰다. 주자학(넓게는 신유학)에서 말하는 '극'은 '더 이상 나아갈 수 없는 그 무엇', '가장 궁극적인 것', 즉 '사물의 궁극적인 표준', '제일·최상의 것'을 뜻한다. 각각의 사물이 갖고 있는 이치(理)는 각각의 '극'으로서 사물 그것이 본래 있어야 할 모양(꼴)대로 만들어 준다. '태극'은 이러한 사물들이 갖는 개별적인 이치들의 총화總和를 말한다. 그래서 태극은 '모든 원리들의 원리'이며, 모든 잡다한 사물들의 이치를 포괄한다. 개별적인 이치들(事事物物之理)은 모두 이 태극에서 갈라져 생겨난 것이다. 주희는 『태극도설』을 주해하여 『태극도설해太極圖說解』를 만들었다. 이렇게 해서 주돈이의 『태극도설』은 송학의 본체론을 탄생시킨 핵심적 이론으로 자리매김된다. 이 탓에 주돈이는 송학의 개조開祖로 널리 알려지게 된다. 그러므로 『태극도설』의 사상은 도가道家 내지 도교적 사상을 계승하고 있다고 말해진다. 그러나 최근의 연구에 따르면 성립 시기를 논증해 볼 때, 오히려 주돈이의 『태극도설』이 당시의 다른 도가, 불가 쪽의 유사 도설圖說에 침투하여 영향을 미쳤다고 보기도 한다.[5]

---

5) 이에 대해서는 吾妻重二, 「第1篇 周惇頤太極圖の考察」, 『朱子學の新研究』(東京: 創文社, 2004), 3~82쪽을 참고 바람.

『태극도설』의 논의의 핵심은, 개체로서의 인간은 유한한 존재이나 그 본질은 태극에서 발현하여 태극으로 귀착되기에 무한의 세계를 담고 있다고 한다. 이것은 불교에서 말하는 제법무아諸法無我, 제행무상諸行無常, 오온개공五蘊皆空과 같이 인간 존재를 무아無我, 무상無常, 공空으로 보는 부정론이 아니라 긍정론이다. 『태극도설』은 도道·불佛에 대항할 만한 형이상학의 모색에 관심이 쏠려 있던 송대의 유학자들에게 새로운 사상적 전기를 마련해 주게 되고, 따라서 신유학의 핵심 이론으로 추앙받는다.

'너는 의미가 있다. 그것도 우주적 의미가!'라는 메시지를 담은 『태극도설』은 도불의 이론에 대항할 만한 이론을 보증하는 최첨단 기획물이자 이론적 근거 재료였던 것이다. 퇴계도 이러한 전통을 계승하여 『성학십도』의 맨 첫머리에 두었다.

인간의 우주적 지위와 의미에 대한 선언

석가모니는 태어나면서 천상천하유아독존天上天下唯我獨尊이라고 외쳤다고 한다. 이 우주 만물 중에서 내가 가장 존엄한 존재라는 뜻으로 인간의 존엄성을 천명한 말이다.

그런데 『장자莊子』에서는 "인간은 태어날 때에 우수와 더불어 태어났다"(人之生也, 與憂俱生)라고 하여 인간 존재의 근원적인 고독감을 말한 적이 있다. 노르웨이의 화가·판화가로서 우리에게 잘 알려진 에드바르트 뭉크(Edvard Munch, 1863~1944)의 대표작 <절규(The Scream)>에서처럼 인간 누구에게나 근원적인 생의 우울과 불안이 있다.

유교에서는 생의 불안을 우환憂患이란 말로 표현한다. 『주역周易』

「계사전繫辭傳」 하권에서 "역을 만든 사람은 우환憂患의 의식을 가지고 있었는가?"라고 말하고 있듯이, 『주역』은 원래 우환憂患에 대처하는 방법을 가르쳐 주는 점서占書였다. 우憂는 닥쳐올 재난을 근심하는 것이며, 환患은 지금 닥친 재난에 대해 걱정하는 것이다. 이러한 중국의 우환 의식은 기독교의 원죄의식原罪意識, 불교의 고의식苦意識과 대비되기도 한다.

우리는 어디서 와서 어디로 가는가? 제1도 「태극도」에 의하면, 우리는 저 우주적 원리에서 왔다가 우주적 원리로 다시 돌아간다. 그것이 우리의 삶과 죽음이다. 그래서 우리의 일상적 삶에는 우주적 의미가 들어 있다. 그래서 삶을 가벼이 해서는 안 된다는 것이다.

뭉크의 작품 <절규>

그렇다. 태극을 표현한 처음 그림의 원, 음양이 교차하는 그림의 원, 맨 아래쪽의 '만물화생萬物化生'이라는 해설이 달린 원을 주목해 보자. 이것은 모두 같은 크기의 원형이다. 이들 원형의 차이는 시청각적으로 인식할 수 있는 대상인가 아닌가를 차등적으로 표현한 것으로 다 같은 것이다. 따라서 우주의 본체적 세계를 그린 태극은 내가 발 딛고 살아가는 이곳, 일상의 숨결이 살아 있는 이 세상과 동일하다는 것이다. 일상이 곧 본체이고 본체가 곧 일상이다. 사람이 바로 희망이다. 사람이 우주처럼 아름답고 심원하다. 「태극도」에는 동양의 성선性善의 사상이 깃들어 있다.

우주가 선善하다면 나도 선하고 만물도 선하다. 우리는 이 선의 본질을 잘 인식해야 한다. 아리스토텔레스가 "모든 기술과 탐구, 또 모든 행동과 추구는 어떤 선을 목표 삼는 것이라 생각한다. 그러므로 선이란 모든 것이 목표 삼는 것이라고 한 주장은 옳은 것이라 하겠다"[6]고 말했듯이, 성선론적 전통(낙관적 인간론)을 계승하는 것이다. '저절로 그러한 것'은—계절이 바뀌고 밤낮이 교체되듯이, 봄에 싹이 나서 꽃피고 가을에 열매 맺고 다시 시들어 말라 버렸다가 그 이듬해에 다시 싹을 틔우듯이—인간과 사물의 작용이 음陰이 되었다가 양陽이 되었다(一陰一陽)하는 도리(道)이다. 이 도리는 자연 만물의 생리生理이자 생태生態의 기본 유형(pattern)을 말한 것이다. 사람과 만물이 이러한 도리를 이어받아 그 작용을 계속해 가는 것(=繼之)이 '선善'이다. 모든 중생이 부처가 될 씨앗(=근거)를 가졌다고 보는 불교의 여래장如來藏 사상처럼, 인간 존재의 밑바닥에는 모두 선을 만들어 갈 단서가 있다는 것이다. 또한 그 도리를—마치 자석磁石 조각들이 '사물을 밀고 끌어당기는 힘=자력磁力'을 지니듯이—자신 속에 각기 온전히 지녀 버린(이룬) 상태(=成之)를 본성(性)이라고 말한다. 여기서 본성이라는 것은 달리 표현하면 만물이 지닌 '생태적 심성(마음/감성)'이라고 표현할 수 있다.[7]

그렇다면 인간은 물론 모든 사물은 애당초 자기 이외의 어떤 것(타자)과 폐쇄되고 고립된 이기적인 존재가 아니라 '함께(=협동적으로) 더불어 살(=연대할) 수 있는 능력을 이미 지닌 존재'라는 뜻이 된다. 고독

---

6) 아리스토텔레스, 『니코마코스 윤리학』(최명관 옮김, 서광사, 1984), 31쪽(1094a).
7) 『주역周易』, 「계사전繫辭傳」 상권에 "음이 되었다가 양이 되었다가 하는 것을 도라고 한다. 도를 이어받아 그 작용을 계속하는 것을 선이라 한다. 도를 이어받아 이룬 상태가 성이라고 한다"(一陰一陽之謂道, 繼之者善也, 成之者性也)는 말을 필자가 문맥에 맞춰 재해석한 것이다.

孤獨, 독선獨善이 아니라 군군群·배배輩·유류類·속속屬의 글자로 표현되는, 더불어 함께 사는 인류적人倫的 존재이다.

인간이 가가家-국국國-천하天下와 얽혀 우주가 한 가정家庭처럼 살아가야 할 당위성도 여기 있다. 이러한 사상을 구체적으로 개진한 것이 『성학십도』 제2도인 「서명도西銘圖」이다.

사람이 희망이다 — 주돈이 내지 송학이 제시한 학문적 비전과 인간론

주돈이가 지향한 배움의 단계와 내용은 그의 유명한 저서 『통서通書』 「지학제십志學第十」에 잘 드러나 있다(이것은 『근사록』의 「위학대요爲學大要」편에도 실려 있다).

성인은 하늘과 같이 되기를 희구하고, 현인은 성인과 같이 되기를 희구하고, 사대부는 현인과 같이 되기를 희구한다.[8] ……(은殷의 탕왕湯王을 도왔던 명재상) 이윤伊尹이 뜻하던 것에 뜻을 두고, (공자의 수제자로 내면적 자기 완성을 한) 안자顔子(顔淵)가 배우던 것을 배운다.[9]

---

[8] 중국(넓게는 동양)에서는 원래 철학이란 말이 없었고 이에 해당하는 학문으로서 경학經學, 도학道學, 리학理學(혹은 심학心學, 기학氣學), 성리학性理學 등의 용어가 있었을 뿐이다.
철학이란 용어는 근대 일본에서 생겨난 개념이다. 즉 일본 메이지(明治) 시대의 학자였던 니시 아마네(西周, 1829~1897)가 서양어 필로소피(philosophy)를 소개하기 위한 번역어이다. 필로소피(philosophy)란 개념은 희랍어 필로소피아(philosophia)에서 유래하였다. 필로소피아는 필로스(philos)=애애愛와 소피아(sophia)=지지智(지혜智慧=참된 앎=진지眞知)의 합성어로, 지혜에 대한 사랑 즉 애지愛智를 의미한다. 그는 필로소피아의 애지의 정신이 주돈이가 『통서』에서 말한 '성희천聖希天, 현희성賢希聖, 사희현士希賢' 속의 이른바 '희현希賢' 정신과 통한다고 여겨서 '희현학希賢學'이라고 했다가 현賢이란 글자가 유가적 색채가 짙다고 하여 현賢을 철哲 자로 바꾸어서 희철학希哲學으로 하였다. 그러다가 나중에 다시 거기서 희希자를 빼 버리고 철학哲學만 남겼다고 한다. 철哲은 '밝다'는 말이므로 철학이란 글자 그 자체만으로도 '사물事物의 이치道理에 밝은 것'을 의미한다.

주돈이는 이렇게 해서 다음과 같이 이른바 독서인 계층인 송대 사대부들의 학문이 지향해야 할 구체적 모델을 제시한 셈이다. 위로는 천자가 요순堯舜과 같은 성천자聖天子가 되도록 해 주고(위정자로서의 큰 책임을 자각하게 해 주고), 아래로는 서민 한 사람이라도 그 삶의 처소를 얻지 못하는 일이 없게(내면적 자기완성과 도덕을 완비한 인격의 소유자가 되도록) 하고자 하였던 것이다.

■ 제2도 「서명도」

우주 자연(세계)은 음과 양이란 두 기운(二氣)에 의해 생성, 변화하고 있다. 이러한 음양의 작용을 상징적으로 건곤乾坤이라 부른다. 건곤은 우주로 보면 천지를, 인간으로 보면 남녀를 배당시킬 수 있다. 우주는 건곤의 작용과 원리로써 생성, 변화하고 있다.

우주의 생성, 변화는 이처럼 건곤이라는 상징적인 원리(근원)를 하나로 하면서도 실제 세계에서는 만 가지 일(萬事)과 만 가지 변화(萬化)를 보여 준다. 이것을 리일분수理一分殊(이치는 하나인데 나눔으로서 갈라짐)로 규정한다.

리일분수의 원리는 인간 세계에도 그대로 적용된다. 인간은 우주와 마찬가지로 생성의 원리(근원)는 하나로 하지만 실제에 있어서는 다종다양하다는 것이다. 우주 생성의 이치에 따른다면 인간은 모두 하나의 근원에서 태어나서 존재한다. 이것은 같음(同), 합함(合), 하나됨(一)의 차원이다. 이렇게 해서 인간이란 존재의 평등성·연대성이 확보된다. 인

---

9) 『통서通書』, 「지학제십志學第十」, "聖希天, 賢希聖, 士希賢……志伊尹之所志, 學顔子之所學."

간은 모두 동포同胞로서 한가족과 같다.

그런데 가족 관계에서 알 수 있듯이 낳는 자(=부모)와 태어나는 자(=자식, 형제)처럼 선후, 상하와 같은 질서가 생긴다. 이것은 다름(異), 나뉨(分), 갈림(殊), 개별(別)의 차원이다. 이것은 개별성·개체성을 의미한다. 인간은 모두 한 동포이지만 부모, 형제 등과 같이 개별화의 질서가 있다.

이렇게 해서 인간이란 존재의 양면성, 즉 평등성·연대성과 더불어 개별성이 논리적으로 확보된다. 여기에 구체적인 인간 상호 관계를 잇는(중개하는) 실천적 이념인 인仁이 등장한다. 하지만 「서명도」에서는 그것이 이론적(이념적) 측면에서 제시되고 있어 상세하지 못하다.

리일理一	인仁	분수分殊
평등성·연대성 사해동포·우주가족주의		개별성·개체성 사회국가적 차별·질서 원리
인간 만물		

앞의 「태극도」에서 제시된 세계가 존재하는 원리와 이에 상응하여 제시된 인간이 존재하는 원리가 한층 적극적으로 인간의 세계에 도입되어 논의된 것이다. 인간의 세계가 가진 현실적인 같음과 다름의 원리를 보다 정교하게 설명하기 위해서 리기론理氣論에서 사용되는 리일분수설理一分殊說이 제시되었고, 같음과 다름 사이를 매개하는 원리인 인仁의 이념도 나타난 것이다.

장재의 『서명』, 그리고 「서명도」

「서명도西銘圖」의 '서명'은 서녘 '서西', (마음에 깊이) 새길 '명銘'을 합한 말로서 장재張載(호는 橫渠, 1020~1077)가 지은 글의 제목이다. 이 글의 제목은 원래 '어리석음(頑)을 바로잡는다(訂)'는 뜻인 '정완訂頑'이 었는데, 정이程頤(자는 正叔, 호는 伊川, 1033~1107)가 '서명'으로 고쳤다고 한다. 그리고 『서명』의 그림(「서명도」)은 원나라 때의 유명한 성리학자인 정복심程復心(자는 子見, 호는 林隱, 1278~1368)이 그렸다.

장재의 『서명』은 본래 그의 서재 서쪽 창문에 걸려 있던 교훈적인 글이다. 그의 동쪽 창문에 걸려 있던 『동명東銘』과 한 짝이 되는 글이지만, 이 『동명』은 사상사에서 거의 언급되지 않는다. 『동명』은 본래 제목이 '폄우砭愚', 즉 어리석음(愚)을 치료함(砭)이었다고 한다.

하나의 이치가 수만으로 갈라진다는 리일분수의 사상

송대 성리학자들에게 유행했던, 우주와 인간의 일체성 및 그에 상응하는 윤리론을 도출해 내는 가장 설득력 있던 학설(어디까지나 이것은 가설이지만) 중의 하나가 바로 리일분수설理一分殊說이다. 리일분수설이란 무엇인가? 말 그대로 이치(理)는 하나(一)인데 나뉨(分)으로 달라진다(殊)는 말이다. 이 학설은 국가의 정치 체제에 비유해 본다면 하나의 군주 아래 다수의 신하와 수많은 백성이 있다는 이른바 피라미드 구조로 된 일군만민설一君萬民說에 해당한다.

원리는 하나인데, 거기서 나뉨으로 인해 수많은 것들의 달라짐의 이치가 생겨났다는 가설에는 동일同一과 특수特殊, 일자一者와 개체個體의 연계·통합의 이론이 들어 있다. 주희는 이렇게 설명한다.

본래 하나의 위대한 원리인 태극太極이 있다(이것을 보통 가장 궁극적이며 총괄적인 의미에서 총체태극總體太極이라고 한다). 이것이 만물 각각에 부여되었다. 그래서 만물은 제각기 하나의 태극을 갖추고 있다(이것을 각기 가진 태극이란 뜻에서 각유태극各有太極이라 한다). 그것은 마치 하늘에 있는 달과 같다. 달은 하나이지만 그것이 강과 호수에 반사되어 가는 곳마다 보인다. 그러나 그것은 달이 쪼개져 나뉘어진 것이 아니다. 그것은 끊임이 없이 하나로 연결되어 있는 것이다.[10]

송대의 학자로 정호·정이의 제자인 양시楊時(호는 龜山)는 "『서명』은 리일분수理一分殊이다. 리일은 인仁이고 분수는 의義이다"[11]라고 했다. 주희도 『서명』을 리일분수 사상의 연원처로 보고 있다. 주희는 이렇게 말하였다.

『서명』이란 정자程子(정명도·정이천 형제)에 의하면 하나의 리가 다양하게 나누어짐을 밝힌 것이다. 대체로 건으로 아비를 삼고, 곤 즉 땅으로 어미를 삼는 것이 생물이라면, 모두 그렇지 않은 것이 없다. 이것이 이른바 리가 하나라는 것이다. 그러나 인간 및 동물 등 혈맥을 가진 생명체의 무리들은 각각 그 어버이를 어버이로 섬기고 그 자식을 자식으로 키우고 있으므로, 그 분별됨에 있어서는 어찌 서로 다르지 않겠는가! 하나로 통일되면서도 만 가지로 각기 다른 까닭에, 비록 천하가 한 집안이고 중국이 한 사람과 같다고 하더라도 겸애兼愛(더불어 사랑함)의 폐단에 흐르지 않는 것이다. 만 가지로 각기 다르면서도 또한 하나로 관통되므로, 비록 친하고 소원한 정의 차이가 있고 귀하고 천한 등차가 있다 하더라도 위아爲我(자기만을 위함)의 사사로움에 막히지 않는 것이다. 이것이 『서명』의 대의이

---

10) 『朱子語類』 권34, "本只是一太極, 而萬物各有稟受, 又自各全具一太極爾. 如月在天, 只一而已, 及散在江湖, 則隨處而見, 不可謂月已分也."
11) 『성학십도』, 「서명도」, "龜山楊氏曰. 西銘, 理一而分殊, 知其理一, 所以爲仁, 知其分殊, 所以爲義."

다. 어버이를 사랑하는 마음씨를 미루어 무아의 공덕을 기르고, 어버이를 섬기는 정성을 바탕으로 하늘 섬기는 길을 밝힌 것을 본다면, 무릇 어디를 가든지 나뉘어진 것에서 리가 하나임을 미루는 것이 아님이 없다. 『서명』의 앞부분은 바둑판과 같고, 뒷부분은 그 판에 사람이 바둑을 두는 것과 같다.12)

『서명』에는 리일분수理一分殊, 즉 "이치는 하나인데, 그것이 만 가지로 나누어진다"는 주요한 사상이 들어 있는데, 이 리일분수설은 송명 사상사에서 아주 중요한 개념이다.

그리고 주희는 "『서명』의 앞부분은 바둑판(=이론)이고, 뒷부분은 그 바둑판에 바둑을 실제로 두는 것(=실행)"이라고 보았다. 『서명』의 앞부분을 주희가 바둑판과 같다고 본 것은 퇴계가 「태극도」에 이어 제2도로 「서명도」를 선정한 이유와도 연관된다. 즉 성학의 존재론적, 형이상학적 근거를 마련하기 위한 제1도의 태극도와 연계되고, 뒷부분은 그 '이론'에 근거하여 '실행'(실천)을 논한 것이다.

『서명』의 주요 내용은 이렇다.

건을 아버지라 칭하고 곤을 어머니라 칭한다. 나는 여기서 아득하게(妙) 작지만 (하늘·땅과 함께) 섞여서 그 가운데 있다. 하늘과 땅의 가득 찬 것은 나의 몸이고 하늘과 땅을 이끌고 가는 것은 나의 본성이다. 사람들은 모두 나의 동포(한 뱃속의 형제)와 같고, 만물은 나의 벗이다(民吾同胞, 物吾

---

12) 『성학십도』, 「서명도」, "朱子曰. 西銘, 程子以爲明理一而分殊. 蓋以乾爲父, 坤爲母, 有生之類無物不然, 所謂理一也. 而人物之生, 血脈之屬, 各親其親, 各子其子, 則其分亦安得而不殊哉. 一統而萬殊, 則雖天下一家, 中國一人, 而不流於兼愛之蔽. 萬殊而一貫, 則雖親親疎異情, 貴賤異等, 而不梏於爲我之私. 此西銘之大旨也. 觀其推親親之厚, 以大無我之公. 因事親之誠, 以明事天之道. 蓋無適而非所謂立而推理一也. 又曰. 銘前一段如棋盤. 後一段如人下棋."

與也). 대군이란 내 부모의 큰아들이며, 그의 신하는 큰아들 가신의 우두머리(家相)를 말한다. 나이 많은 어른을 존경하는 것은 그 어른됨을 어른으로 대우하는 것이고, 외롭고 약한 사람을 따뜻하게 돌보는 것은 그 어린것을 어린것으로 여기는 것이다. 성인은 그 덕을 합한 것이며 현자는 뛰어난 사람이다. 무릇 천하의 곱추(疲癃)와 손발이 잘린 병신(殘疾)이나, 형제 없는 사람(惸), 자손이 없는 사람(獨), 홀아비(鰥), 과부(寡) 같은 이들은 모두 나의 형제들로 환난에 처해 고통스러워하면서도(顚連) 하소연할 수 없는 불쌍한 사람들이다. (이하 생략)[13]

이 『서명』을 묵자墨子의 겸애兼愛와 통한다고 이단사설異端邪說로 비난한 사람도 있었다. 그리고 '민오동포民吾同胞, 물오여야物吾與也'에서 비롯된 '민포물여民胞物與'를 평등주의적, 인도주의적 항의의 슬로건으로 사용하기도 하였다.

정호는 『서명』을 맹자 이후의 최대의 문헌으로 칭송한다. 그것은 『서명』의 사상이 그의 만물일체론의 사상의 흐름을 함께하기 때문이다. 이정二程 학파에서는 『서명』을 일종의 교과서로 쓰고 있다.

송학의 훌륭한 사상의 창출자 장재

송학을 생각할 때 장재는 멋진 지식인이다. 그는 다음과 같은 훌륭한 통 큰 말을 남겼다.

---

13) 『성학십도』, 「서명도」, "乾稱父. 坤稱母. 予玆藐焉. 乃混然中處. 故天地之塞. 吾其體. 天地之帥. 吾其性. 民吾同胞. 物吾與也. 大君者. 吾父母宗子. 其大臣. 宗子之家相也. 尊高年. 所以長其長. 慈孤弱. 所以幼其幼. 聖其合德. 賢其秀也. 凡天下疲癃殘疾惸 獨鰥寡. 皆吾兄弟之顚連而無告者也."

천지를 위하여 마음을 세우고, 생민을 위하여 도를 세우며, 옛 성인을 위하여 끊긴 학문을 이으며, 만세를 위하여 태평을 연다.[14]

이것은 송학의 근본 정신, 기풍을 제시한 말로 유명하다.

북송 시대에 신유학의 문을 연 사람은 바로 앞에서 논의한 『태극도설』을 지은 주돈이다. 그는 불교와 도교의 도움을 빌어 유가에 입문하여 유가의 새로운 형이상학을 시도했다. 그러나 그가 사용한 '무극이태극無極而太極' 속의 '무극無極' 개념은 도가, 불교와 혼동될 취약점이 있었다. 따라서 그의 사상으로서는 아직 도·불의 사변적 본체론과 정면 대결하기엔 부족한 점이 있었다. 이처럼 당시 유학 사조로서 도·불을 능가하지 못했던 취약한 부분에 대해 장재가 등장하여 변화의 바람을 가져오게 된다. 장재는 도·불에 출입하던 가운데 스스로 깨달은 바 있어 육경六經을 연구하기 시작하였다. 여기서 도·불에서 서서히 유교 쪽으로 눈을 돌리게 된다. 당시 사람들에게 불교는 '심心을 법法으로 삼고 공空을 진眞으로 삼았으며, 도가는 무無를 도道로 여기고 아我를 진眞으로 삼는다'고 이해되었다. 장재는 이러한 사상적 기조에 대해 '기氣'를 세워 공空의 허점을 극복하고, '유有'를 세워 무無의 관념을 없애 버렸다. 장재는,

기가 태허에서 모이고 흩어짐은 마치 얼음이 물에서 얼고 녹는 것과 같다. 태허가 곧 기라는 것을 안다면 무無 자체도 없을 것이다.[15]

태허에는 기가 없을 수 없고, 기는 모여서 만물이 되지 않을 수 없으며,

---

14) 『근사록近思錄』 권2, "爲天地立心, 爲生民立道, 爲去聖繼絶學, 爲萬世開太平."
15) 『장재집張載集』, 「정몽正蒙·태화太化」, "氣之聚散於太虛, 猶氷凝釋於水, 知太虛卽氣, 則無無."

만물은 흩어져서 태허가 되지 않을 수 없다.[16]

태허는 형체가 없으며 기의 본래 모습이다. 그것의 모임과 흩어짐은 변화하는 일시적 형체일 따름이다.[17]

라고 하여 "태허太虛가 곧 기氣이다"(太虛卽氣)라는 이론을 주장한다. 이것은 장재 철학의 기본 전제이다.

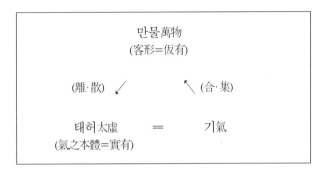

이렇게 해서 태허太虛 = 기氣 ⇄ 만물萬物의 도식이 성립한다. 즉 '기의 바다=태허', '기의 바다에서 이는 물결·파도=만물의 생성(生成/生)과 소멸(消滅/死)'로 이해된다(이 사상은 만물의 영겁윤회永劫輪廻 사상으로 볼 수 있으며, 불교의 윤회론輪廻論과 유사하다).

장재는 '태허즉기太虛卽氣'의 이론을 무기로 해서 노장, 불교의 허虛·무無·공空의 논리를 모두 극복하고자 했다. 장재는 우주에는 진정한 허공虛空, 허무虛無가 없다고 보았다. 즉 우주 만물을 허공, 허무로 보는 것은 미망迷妄에 불과하다고 보았다. 네덜란드의 철학자 스피노자(Spinoza, Baruch de, 1632~1677)가 마치 "모든 사물의 필연성을 이해하는 한,

---

16) 『장재집』, 「정몽·태화」, "太虛不能無氣, 氣不能不聚而爲萬物."
17) 『장재집』, 「정몽·태화」, "太虛無形, 氣之本體, 其聚其散, 變化之客形爾."

우리의 마음은 그 사물의 영향력을 초월한 더 큰 힘을 가졌거나 그 영향력으로부터 덜 괴로움을 당한다"[18]라고 말했듯이, 장재도 '태허즉기'를 통해서 노장, 불교의 허·무, 공의 논리를 극복할 수 있다고 생각했다.

우주는 기로 꽉 차 있는 것이다. 有有(氣)에서 有有가 나오지(1→1) 無에서 有有가 나오는 것(0→1)이 아니라고 하였다. 이렇게 해서 후세에 중국의 유물 사상가들은 장재를 기일원론자氣一元論者로 부르고 그를 유물론자唯物論者로 분류하여 높이 평가하였다.

이처럼 장재는 당대의 도·불의 형이상학적 개념을 새로운 용어 개념을 창출하여 공격하면서 그들의 개념을 자신의 사상 속으로 흡수하여 변형시키고자 했다. 장재에 이르러서야 비로소 송대의 신유학은 도·불의 형이상학적 본체론과 정면으로 맞설 수 있게 되었던 것이다.

■ 제3도 「소학도」와 제4도 「대학도」

제1도 「태극도」와 제2도 「서명도」는 성학의 대단으로서 세계와 인간의 존재 전체를 논한 『성학십도』의 핵심 축이다. 이것은 세계의 존재론에 핵심이 있으면서 인간의 본성 즉 인성론과 연관하여 논의한 것이다. 이것은 앞의 두 도(제1도, 제2도)와 마찬가지로 성학의 대단이다. 「소학도小學圖」, 「대학도大學圖」는 세계보다도 인간 쪽에 중점이 놓여 있다. 대인大人의 학으로서의 『대학大學』과 대인이 되기 이전의 소인小人의 학으로서의 『소학小學』으로 편집, 구성되어 있다.

---

18) 스피노자, 『윤리학 (Ethica in Ordine Geometrico Demonstrata)』, 「제5부 정리定理 42」. (풍우란, 「중국철학사」[정인재 역, 서울: 형설출판사, 1984], 154쪽에서 재인용.)

『소학』과 「소학도」

우선, 「소학도小學圖」는 『소학小學』의 목록에 의거하여 퇴계 스스로가 그린 그림이다. 설명문은 주희가 지었다고 말해지는[19] 『소학』의 제사題詞 즉 서문이다. 『소학』이란 『대학大學』에 대응하는 책이다. 다시 말해서 『소학』은 아동의 초보(기초) 교육을 위해서 만들어진 것으로 아동에게 어른을 섬기고 벗과 사귀는 도리 등의 일상적 예의범절을 내용으로 한다. 청소하는 일(灑掃), 사람들 앞에 나아가고 물러나는(進退) 절차 등 삶의 가장 기초적인 예절을 체득하는 구체적인 항목과 방법을 제시한 것이다.

『소학』은 6권의 구성으로 구성되어 있다. 즉 「입교立敎」(가르침을 세워 사람을 교화함)·「명륜明倫」(인륜/오륜을 밝힘)·「경신敬身」(자신의 몸의 행동거지를 조심함)·「계고稽古」(옛날의 일을 생각함)의 내편 4권과 「가언嘉言」(좋은 말)·「선행善行」(좋은 행위)의 외편 2권으로 나뉘어진다. 내편은 경서를 인용한 개론에 해당하고, 외편은 그 실제를 사람들의 언행으로 보여 주고 있다.

이후, 이 책은 한국·일본 등 동아시아 사회에서 널리 읽혔고, 여러 주석서도 만들어졌다. 주석서로서는 명明나라의 진선陳選이 지은 『소학집주小學集註』가 널리 보급되었다. 조선 시대에도 초기부터, 유교적 윤리관을 체득하게 하기 위한 아동의 수신서修身書로 『소학』이 장려되어 향교·서원·서당 등 그 무렵의 모든 유학 교육 기관에서 필수 교과목이 되었다.

---

19) 사실은 주희의 친구 유청지劉淸之(자는 자징子澄, 강서임강인江西臨江人)의 원고에 주희가 손을 대어 찬정撰定한 것이다.

『대학』과 「대학도」

이제 「대학도」의 『대학』에 대해서 말해 보자. 『대학』의 명칭에 대해서는 보통 두 가지 설이 있다. 첫째, 주희의 『대학장구』 '서序'에 근거한, 중국 고대의 교육 제도상 '소학小學', '대학大學'이 있었다는 설이다. 둘째, 당나라 초 공영달孔穎達(574~648)의 말에 의거한, 소인小人에 대립되는 군자 혹은 위정자의 의미인 이른바 대인大人의 학문이라는 설이다.

「대학도」의 '대학'은 책 이름인 『대학』을 말한다. 『대학』이란 책은 사서四書의 하나로 유학의 학문적 목적과 정치의 근본을 밝힌 책이다.

『대학』과 「대학도」를 설명하기에 앞서서, 이에 대한 이해의 폭을 넓히기 위해 사서에 대한 설명을 미리 해 두기로 한다.[20]

사서四書는 유학儒學 측에서 확정한 네 권의 주요한 책(경전)으로서 『대학大學』·『논어論語』·『맹자孟子』·『중용中庸』을 말한다. 이 네 권의 책은 그 성립과 관련한 네 선생(四子)을 표면에 내세워서 사자서四子書라고도 한다. 혹은 『대학』·『중용』을 합쳐서 '학용學庸'으로, 『논어』·『맹자』를 합쳐서 '논맹論孟'으로 부르기도 한다.

『논어』·『맹자』는 애당초 단행본으로 전해졌다. 그것은 공자·맹자의 성현이 중국 사상사에서 갖는 독자적 위치 때문이기도 하다. 『논어』는 한당대漢唐代 이래 이미 중시되어 왔었다. 『시詩』·『서書』·『예禮』·『역易』·『춘추春秋』의 오경六經에다 그것(『논어』)이 추가되고, 더욱이 한당대에 걸쳐 다른 경전들이 점점 보태짐에 따라 칠경七經, 구경九經, 십경十經, 십일경十一經, 십이경十二經이 성립되었다. 또한 송대宋代에는 이 십이경에다 『맹자』가 추가되어 비로소 십삼경十三經이 완성되었다.

---

20) 이것은 최재목, 「사서의 핵심: 우주의 원리, 인간의 도리」, 『2003년 신동아 별책 부록: 교양이 경쟁력이다』(서울: 동아일보사, 2003. 1. 1), 52~58쪽을 참조

참고로 십삼경은 ① 「역易」・② 「서書」・③ 「시詩」에다 삼례三禮④ 『예기禮記』・⑤ 『주례周禮』・⑥ 『의례儀禮』)와 춘추삼전春秋三傳(⑦ 『춘추좌씨전春秋左氏傳』・⑧ 『춘추공양전春秋公羊傳』・⑨ 『춘추곡량전春秋穀梁傳』)을 각각 합한 이른바 구경九經에다 ⑩ 『논어論語』・⑪ 『효경孝經』・⑫ 『맹자孟子』・⑬ 『이아爾雅』를 추가하여 성립한 것이다.

이어서 『대학』과 『중용』을 살펴보자. 『대학』은 『예기禮記』의 제42편에, 『중용』은 그 제31편에 속해 있었다. 이렇게 책 속의 한 편명篇名에 불과했던 것이 각각 주요 경서로서 독립하게 된 것이다. 가족의 일원이었다가 분가한 것과 같다. 그런데 『중용』은 한대漢代부터 이미 중시되어 왔었다.

당나라 중엽의 인물로 송대 신유학新儒學(Neo-Confucianism)의 운동의 중요한 단서를 마련한 한유韓愈(768~824)는 『원도原道』를 지어 도통설道統說을 주장하면서 『맹자孟子』와 『대학大學』을 중시하였다. 또한 그의 제자인 이고李翺(772~841)는 『복성서復性書』를 지어 『중용中庸』을 중시하였다. 『대학』은 한유가 이미 중시했었는데, 북송北宋의 사마광司馬光(1019~1086)의 『중용대학광의中庸大學廣義』 일권一卷 이후에 『중용』과 함께 별도로 칭해지기 시작하여 『예기』에서 처음으로 분리되었다.

북송 시대 하남河南 지방의 이정二程 형제 즉 정호程顥(1032~1085)와 정이程頤(1033~1107)는 『대학』과 『중용』을 『논어』, 『맹자』와 더불어 오경五經에 앞서 읽어야 할 유학의 기본 경전으로 인정하였는데 이에 사서四書가 정해진다. 『대학』과 『중용』, 『논어』와 『맹자』의 사서가 비로소 이론적으로 연결되어 하나로 합쳐진 것이다. 그런데 정이는 네 권의 책을 사서로 묶었을 뿐 거기에 주석을 달지는 않았다. 하나로 연계된 사서에다 처음으로 주석을 단 사람은 바로 주희였다. 중국 사상사에서

뿐만 아니라 동아시아 사상사에서 빛을 발한 그 유명한『사서집주』는 이렇게 해서 성립하였다. 집주集註 혹은 집해集解란 선인先人의 제주諸註를 취사선택하여 또 하나의 주석을 만든 것이다. 그것은 이미 고전 본래 그대로가 아니다. 기존의 주註 즉 해석들을 자기의 주관과 이미지에 의해 취사선택하는 작업이었다. 여기에는 이미 가공의 고전古典 세계가 만들어지며, 그것을 통해 자신의 사상적 입장과 세계가 윤곽을 드러낸다.

주희는 기존에 전해 오던『대학』과『중용』의 체제와 내용에 대해 대대적인 개편 작업을 벌인다. 자기 생각대로 본문에 해당하는 '경經'과 그 해설 부분에 해당하는 '전傳'을 판별하고 장章과 구절句節을 나눈 것이다. 이것이『사서집주』중의『대학장구大學章句』와『중용장구中庸章句』이다. 두 책은 지금 전해지고 있는『대학』과『중용』의 기본 체제가 된다는 점에서 의미가 있다. 이런 주희의 작업에 있어 명대의 왕수인王守仁(호는 陽明, 1472~1528)은 이 새롭게 성립한 주희의『대학』(이것을『신본대학新本大學』이라 부름)에 대해『예기』속의 옛날『대학』(이것을『구본대학舊本大學』이라 부름) 그대로가 옳다고 주장하여 신선한 비판을 제기한 바 있다.

어쨌든 주희는 오경五經이 아니라 사서를 채택하여 체계적으로 주석(해설)을 덧붙이는 한편 잘못된 부분을 바로잡는 매우 중요한 작업을 하였다. 그는 이러한 주석 작업을 통해서 송학의 궁극적인 성격을 부각시키고자 하였다. 이것은 당시 유행하던 불교와 도교의 사상적 논리에 대항하기 위해 새로운 유교 체계(신유학)로서의 성리학性理學을 세우는 역사적 작업이기도 하였다. 특히 원元대 이래 명明·청淸대에 걸쳐서 과거 시험이 주로 사서에서 출제되었으므로 그 권위와 학습 열기는 오경을 훨씬 능가하게 되었다.

주희는 사서를 ①『대학』→ ②『논어』→ ③『맹자』→ ④『중용』의 순서로 읽을 것을 주장하였다. 그러면, 그는 왜『대학』을 처음에 두었을까?『대학』에는 학문의 총괄로서의 삼강령三綱領과 그 분석인 팔조목八條目이 나온다. 그래서 그는『대학』을 수기치인修己治人이라는 유교의 이상 즉 공자의 가르침의 골격(규모)을 알 수 있다고 보고, "초보자가 덕성함양에 들어가는 문"(初學入德之門)으로 간주하였던 것이다. 주희는 사서 가운데서도『대학』을 가장 중시하고,『대학』가운데서도 격물格物 두 자를 중시하였다. 이것은 정이程頤의 사상적 입장을 계승한 것이다.

『대학』의 다음에『논어』를 둔 것은 공자와 그의 제자들이 유교의 이상인『대학』의 도를 어떻게 실천했나를 알 수 있기 때문이었다.

『맹자』가 세 번째로 오는 것은 맹자는 공자의 가르침을 이론화·철학화하여 심오한 경지로 끌어올렸으며, 또한 송대 신유학의 관점에서 본다면 불교의 심성론心性論에 대항할 만한 인간 마음에 대한 이론적 논거 마련이 필요하였던 것이다.『맹자』에서는 인간의 본성 문제를 다루어 성선론性善論을 전개하고 있으니 그것은 불교의 불성론佛性論에 대응할 만한 주요 논거(재료)가 될 것으로 생각했을 것이다. 더욱이『맹자』에는 위아주의자爲我主義者(극단적 이기주의자)인 양주楊朱와 겸애주의자兼愛主義者(박애주의자)인 묵적墨翟과 같은 이단異端의 사설邪說을 비판·배척하고 별애別愛(차등적·원근법적 사랑)를 주장하는 등 유가적儒家的 논조가 담겨 있어 도통道統 확립에 지대한 도움이 되기 때문이다.

마지막에『중용』을 둔 것은 성性·도道·교敎의 관계를 천명天命과 결합시켜 설명하고 있어, 유학의 최종 결론격인 천인합일지도天人合一

之道(우주와 인간의 합일의 원리), 그리고 하늘의 운행 원리를 언표한 형이상적인 개념인 성誠 등이 제시되어 있기 때문이다. 『중용』은 인간과 사물의 근저에 있는 추상적 원리를 제시하고 있기에, 다른 경전을 먼저 읽고서 이것을 제일 마지막에 이해해야 마땅하다고 판단한 것이다. 『대학』은 인간과 사물을 정면正面에서 바로서서 바라보도록 하는 것이라면, 『중용』은 그것들의 이면裏面에서 거꾸로 뒤집어서 성찰하도록 한 것이라 할 것이다.

먼저 『대학』을 통해 '학문의 규모를 정하고 뜻을 정립하며', 다음으로 『논어』를 배워서 '학문하는 근본을 세우고', 『맹자』를 읽어 '학문의 발전과 의리를 분별하는 법을 배우며', 『중용』을 통해서 '우주의 원리를 터득한다'는 것이 주희의 '사서 읽기의 철학'이다. 이렇게 주희가 사서 독해의 순서를 정한 이후 이것이 일반화되었다.

① 역易	② 서書	③ 시詩	삼례 三禮		춘추삼전 春秋三傳	⑩ 논어 論語	⑪ 효경 孝經	⑫ 맹자 孟子	⑬ 이아 爾雅
			④ 예기 禮記	제31편 중용 中庸	⑦ 좌씨전左氏傳 ⑧ 공양전公羊傳 ⑨ 곡량전穀梁傳				
				제42편 대학 大學					
			⑤ 주례周禮 ⑥ 의례儀禮						
구경九經									
십삼경十三經									

십삼경과 사서

위의 설명에서 보듯이,『대학』은 원래 독립된 책이 아니었다.『예기禮記』라는 책의 제42편에 한 편으로 속해 있었다. 이렇게 책 속의 한 편명篇名에 불과했던 것이 주요 경서로서 독립하게 된 것이다.『대학』이『예기』에서 처음으로 분리된 것은 북송北宋의 사마광司馬光(1019~1086)이『대학광의大學廣義』를 지은 이후부터이다. 그리고 우리가 흔히 접하는『대학』의 기본 체제는 주희가『대학장구大學章句』를 만들고 나서 보편화된 것이다.

『대학』의 저자에 대해서는 여러 가지 설이 있는데, 전통적으로『대학』은『중용』과 더불어 공자의 손자인 자사子思(B.C. 483?~B.C. 402?)가 지었다는 견해가 지배적이었다. 공리孔鯉(공자의 아들)의 아들인 자사의 이름은 급伋이며, 자사는 그의 자字이다. 자사는 생애 동안 주로 고향인 노나라에 살면서 증자曾子의 학문을 배워 유학의 전승에 힘쓴 사람으로 알려져 있다. 맹자는 자사의 제자의 제자이다. 도통道統을 중시하는 송학宋學에서는 공자-증자-자사-맹자로 이어지는 유학의 맥락을 중시하여 이 관점을 보편화하기에 이른다.『공자세가孔子世家』에서는『대학』을 "급伋(자사)이 지었다"고 하였고, 후한 때의 유학자인 가규賈逵(30~101)도 "공급孔伋이『대학』을 경經으로 삼고,『중용』을 위緯로 삼아 지었다"고 하였고, 경학經學의 대성자인 후한의 정현鄭玄(127~200)도 이에 따른다. 송대의 정호·정이 형제는 "공씨가 남긴 책"(孔氏之遺書)이라고만 하였다. 다만, 주희는 전傳을 "증자曾子의 뜻을 그의 문인이 기록한 것"(曾子之意, 門人記之)이라고 한다. 이때 증자의 문인을 자사로 본다면『대학』을 자사의 저작이라고 보는 견해를 벗어난 것은 아니라고 하겠다. 이후 청대淸代 고증학자들의 실증적 연구에 의해『대학』이 자사의 저작이라는 전통적 학설에 의문이 제기되는 등 의견이 분분해졌다. 그러나 『대학』이 유가 계열 학자들의 저작이라는 점에서는 대체로 견해가 일치하고 있다.

주희는 『대학』의 내용을 본문인 '경經' 1장과 그 해설인 '전傳' 10장으로 구성하였다. '경' 1장은 『대학』의 기본 사상인 삼강령三綱領과 팔조목八條目에 대해 서술한 것이고, '전' 10장은 이 삼강령과 팔조목에 대한 세부적인 해석을 덧붙인 것이다. 주희는 이 중에서 '전' 5장의 격물格物·치지致知 부분에 대해 원문이 없어진 것으로 단정하고 그 내용을 스스로 만들어 보충하기까지 하였다. 이를 「격물보전장格物補傳章」(또는 「보망장補亡章」)이라고 한다. 이것은 134자의 짧은 문장이긴 하나 주희의 격물치지와 관련한 학문 세계가 압축되어 있는 것으로 그의 철학 사상을 연구할 경우 빼놓을 수 없는 매우 중요한 부분이다.

'강령'이란 모든 이론의 으뜸이 되는 큰 줄거리(총괄)를 말한다. 즉 ① 명명덕明明德(태어날 때부터 지닌 밝은 덕을 밝힘), ② 친민親民(백성을 친애함), ③ 지어지선至於至善(지극한 선의 상태에 머묾/계속 그 상태를 유지함)이 그것이다. 다만 친민의 경우, 주희는 이를 신민新民(백성을 새롭게 함)으로 해석하였는데, 주자학이 성행했던 우리 나라에서는 주로 이 해석에 따랐다. 주희가 친민의 '친'을 '신'으로 고쳐 읽는데 대해 왕수인은 옳지 않다고 보고 원래의 친민 그대로 읽을 것을 주장하였다. 명명덕에서 알 수 있듯이 『대학』의 근저에는 인간을 선하고 무한한 가능성을 지닌 존재로 긍정하는 이른바 성선설이 깔려 있다. 인간은 본래 어둡고 타락한 죄인과 같은 존재가 아니라 무한히 밝고 선량한 자기 완성이 가능한 존재로 보는 것이다. 인간인 이상 누구나 그 내면에 천당·극락 하나씩을 갖고 있다고 보는 것이다. 그 천당과 극락이 내면적 차원(=명명덕)에서 그치는 것이 아니라, 그것을 내면과 똑같이 외부 사회에서도 실현하자(=친민)는 것이다. 지선의 세계는 이렇게 내외합일內外合一에 의해 드러난다. 이렇게 보면『대학』은 성선론에 입각한 덕치주의德治主義의 개론서라 평가해도 하자가 없을 것 같다. 중국 근대의 정치가인 손문孫文(1866~1925)이『대학』을 "외국의 대정치가들도 꿰뚫어 보지 못하고 설명하지 못한 가장 체계적인 정치 철학"이 담긴 중국의 명저로 간주한 것은 일리가 있다.

이어서 '팔조목'은 삼강령의 구체적 분석, 즉 삼강령을 실천할 수 있는 방법으로서 ① 격물格物(사물[의 이치]에 다다름), ② 치지致知(앎을 넓힘), ③ 성의誠意(뜻을 참되게 함), ④ 정심正心(마음을 바로잡음), ⑤ 수신修身(몸을 닦음), ⑥ 제가齊家(집안을 가지런히 함), ⑦ 치국治國(나라를 다스림), ⑧ 평천하平天下(천하를 고르게 함)가 그것이다. 따라서 팔조목은 개인의 수양론, 학문론, 윤리론, 정치론, 철학사상론 등을 포괄하고 있다. 팔조목의 해석, 그 가운데서도 특히 '격물치지'에 대해서는 동아시아 사상사를 두고 볼 때 주희의 해석 외에도 많은 사상가들이 다양한 창의적인 해석을 제시하여 유교의 개념 해석사에서 이른바 르네상스기를 맞이하게 된다.

① 격물 ~ ⑤ 수신은 '수기修己=성기成己=내성內聖'의 차원으로서 개체·자아의 완성을 의미한다. ⑥ 제가 ~ ⑧ 평천하는 '치인治人=성물成物=외왕外王'의 차원으로서 타자·외물의 완성을 의미한다. 이것을 삼강령과 관련시킨다면, 전자는 명명덕에 후자는 친민에 해당된다. 양측의 온전한 합일을 통해서 지선한 상태를 얻는다는 이상을 제시한 것이 바로『대학』의 내용이다.

이처럼『소학』은 일상 생활에서 삶의 기본적인 행동 양식의 훈련으로 유소년의 심신을 육성하는 것이다. 그리고『대학』은 원래 목표로 삼고 있는 대인의 수기치인修己治人을 위한 학문 및 실천의 전체 내용을 제시한 것이다.

「소학도」와 「대학도」는 서로 뗄 수 없는 관계에 있다. 퇴계는 유소년이 해야 할 『소학』이 대인이 해야 하는 『대학』과 둘이면서 하나이고, 하나이면서 둘의 관계에 있다고 하여 양자를 함께 보아야 한다고 하였다. 더욱이 「소학도」와 「대학도」를 『성학십도』 전체 속에서 다른 여덟 도와 연관시켜 보라고 하였다. 그리고 중요한 것은 『소학』의 가르침을 받지 못한 자가 『대학』의 가르침을 받을 가능성은 '경敬'을 체득했느냐에 달려 있다고 한 점이다. 이것은 주희가 말한 "경敬이란 한 자(一字)가 성학聖學의 처음과 끝(始終)을 이루는 까닭이다"라는 이론을 배경에 깔고 있음을 보여 주는 대목이다. 퇴계는 「대학도」에서 『대학』 수장首章을 인용한 다음 주희의 경에 대한 설명을 덧붙였다. 즉 경은 일심의 주재이고 만사의 근본이므로 모든 학문적 노력과 수양의 중심은 경을 지니는 것(持敬)임을 명시하였다.

결국 『소학』은 '경을 지니는 것'(持敬)의 시작이며, 『대학』은 그 끝이자 완성이라는 논지로 되어 있는 것이 「소학도」와 「대학도」이다. 이렇게 해서 퇴계는 두 도에서 자신의 철학이 경으로 일관되어 있음을 부각시키게 된다.

인간이란 무엇이며, 무엇을 희망해야 하는가

주희는 『소학』의 서문인 「소학제사小學題辭」에서 이렇게 말한다.

원元 · 형亨 · 이利 · 정貞은 천도의 상(天道之常), 즉 하늘의 불변의 법칙이고, 인仁·의義·예禮·지智는 인성의 강(人性之綱), 즉 인간 본성의 벼리가 된다. 이 인간의 본성들은 원래 선하지 않은 것이 없다(凡此厥初, 無有不善). 그 네 가지 단서인 '사단四端'이 풍성히 감동됨에 따라 드러난다. 어버이를 사랑하고 형을 공경하며, 임금께 충성하고 어른에게 공손히 대하는 바로 이것이 '병이秉彜'(하늘로부터 부여받은 불변의 도[彜]를 지킴[秉])라는 것이다. 이것은 자연적·순리적으로 되는 것이지 억지로 되는 것이 아니다. 오직 성인만이 그 본성이 자연적으로 실현되어 하늘과 같이 넓어서, 털끝만큼의 힘으로 더 더하지 않아도 '온갖 선함'(萬善)이 다 갖추어진다. 일반 사람들은 어리석어 물욕에 눈이 어두운 나머지 그 도리를 무너뜨리고 서슴없이 자포자기의 상태에 빠진다. 성인이 이것을 가엾게 여긴 나머지 학문을 만들고 스승을 두고 가르치어 그 본성의 뿌리를 북돋는 한편 그 가지를 뻗게 하였다. 『소학』의 방법은 쇄소灑掃하고 응대應對하고 집안에서 효도하고 나아가서는 남에게 공경하여 행동이 조금도 법도를 어김이 없게 하는 것이다. 이러한 것을 완전히 행하고 난 다음에 힘이 남으면 시를 외우고, 글을 읽고, 노래를 읊조리고, 춤을 추며 모든 생각이 지나침이 없어야 한다. 이러한 기초에 서서, 도리를 궁구하고 몸을 닦는 것이 대학의 단계에 속한다. (이하 생략)21)

서문 가운데서 "인간의 본성은 원래 선하지 않은 것이 없다"고 하듯이, 『소학』의 출발점은 기본적으로 인간의 본성에 대한 신뢰에서 출발한다. 즉 이미 「태극도」에서, 마치 아리스토텔레스가,

모든 기술과 탐구, 또 모든 행동과 추구는 어떤 선善을 목표 삼는 것이라

---

21) 『성학십도』, 「소학도」, '소학제사小學題辭', "元亨利貞, 天道之常, 仁義禮智, 人性之綱, 凡此厥初, 無有不善, 藹然四端, 隨感而見, 愛親敬兄, 忠君弟長, 是曰秉彜, 有順無疆. 惟聖性者, 浩浩其天, 不可毫末, 萬善足焉, 衆人蚩蚩, 物欲交蔽, 乃頹其綱, 安此暴棄, 惟聖斯惻, 建學立師, 以培其根, 以達其支, 小學之方, 灑掃應對, 入孝出恭, 動罔或悖, 行有餘力, 誦詩讀書, 詠歌舞蹈, 思罔或逾, 窮理修身, 斯學之大."

생각한다. 그러므로 선이란 모든 것이 목표 삼는 것이라고 한 주장은 옳은 것이라 하겠다.[22]

고 말했듯이, 우주가 선善하기에 인간 만물이 선하다는 이른바 성선론적 전통을 바탕으로 하고 있다. '인간의 본성이 선하다'(性善)는 근거는 바로 하늘의 도(天道)이다. 천도에 근거하여 인간의 본성의 이치가 제시된다.

하늘의 이치 (天道之常)	천天[命] (善)	존재/Sein	원元	형亨	이利	정貞
			(春/木)	(夏/火)	(秋/金)	(冬/水)
ǀ			ǀ	ǀ	ǀ	ǀ
인간 본성의 근간 (人性之綱)	인성人性 (善)	당위/Sollen	인仁	예禮	의義	지智

독일 근대의 철학자 칸트(I. Kant. 1724~1804)도

1. 나는 무엇을 알 수 있는가?(Was kann Ich wissen?) → 인식론

2. 나는 무엇을 해야만 하는가?(Was soll Ich tun?) → 윤리학

3. 나는 무엇을 희망해도 좋은가?(Was darf Ich hoffen?) → 종교학

라는, 이른바 인식론, 윤리학, 종교학의 물음들이 결국은

4. 인간이란 무엇인가?(Was ist der Mensch?) → 인간학

라는, 이 한 문제로 귀결된다고 보았다. 다시 말해서 인간 사회의

---

22) 아리스토텔레스, 『니코마코스 윤리학』(최명관 옮김, 서광사, 1984), 31쪽(1094a).

모든 문제들은 결국 '인간이란 무엇인가?'에 대한 이른바 '인간의 자기 이해'에서 출발하고 있다. 이렇게 끊임없이 '나는 누구인가?'를 묻고 있는 인간은 윤동주(1917~1945)의 시 「자화상」에 잘 나타나 있다.

산모퉁이를 돌아 논가 외딴 우물을 홀로 찾아가선 가만히 들여다봅니다.

우물 속에는 달이 밝고 구름이 흐르고 하늘이 펼치고
바람이 불고 가을이 있습니다.

그리고 한 사나이가 있습니다.
어쩐지 그 사나이가 미워져 돌아갑니다.

돌아가다 생각하니 그 사나이가 가엾어집니다.
도로 가 들여다보니 사나이는 그대로 있습니다.

다시 그 사나이가 미워져 돌아갑니다.
돌아가다 생각하니 그 사나이가 그리워집니다.

우물 속에는 달이 밝고 구름이 흐르고
하늘이 펼치고 파아란 바람이 불고 가을이 있고
추억처럼 사나이가 있습니다.

우물 속에 비친 자신을 몇 번이고 쳐다보면서 '나는 누구인가?'를 묻고 서 있는 우울하고 쓸쓸하고 한없이 가엾은, 그러면서 파란 하늘처럼 맑고 선善한 그런 '사나이'가 바로 우리 자신이 아닐까?

퇴계가 「소학도」를 통해서 드러내고자 했던 "쇄소灑掃하고 응대應對하고 집안에서 효도하고 나아가서는 남에게 공경하여 행동이 조금도 법도를 어김이 없게 하는" 등등의 선을 착실히 키워 가려는 『소학』의 이념은 궁극적으로 「대학도」에서 완성된다. 「대학도」에서 제시되는 인

간 사회의 이상과 이념인 삼강령三綱領과 팔조목八條目도 「소학도」에
서 밝힌 "인간의 본성은 원래 선하지 않은 것이 없다"는 인간 본성의
선에 대한 기본적 신뢰를 확대 해석한 것에 지나지 않는다.

하나이면서 둘이고, 둘이면서 하나인 『소학』과 『대학』

퇴계의 이해대로 "원래 『소학』과 『대학』은 서로 기대어 이루어진 것
이므로, 하나이면서 둘(一而二)이고, 둘이면서 하나(二而一)"인 것이다. 아
래의 이야기에 귀 기울여 보자.

어떤 사람이 주희에게 "그대가 사람에게 『대학』의 도를 말하려 하면서도
또 『소학』의 글을 참고하려 하는 것은 무슨 까닭인가?"라고 물었다. 주희
는 그 말을 듣고 나서 다음과 같이 대답하였다. "배움의 크고 작음은 확실히
같지 않으나 '도'가 되는 점에 있어서는 한 가지 일뿐이다. 그러므로 어릴 때에
『소학』에서 익히는 것이 없으면, 그 방심을 거두고 덕성을 길러서 『대학』의
기본을 이루지 못한다. 그리고 커서 『대학』을 더 배우지 않는다면 의리를 살피
고 그것을 사업에 시행함으로써 『소학』의 성공을 거둘 수 없을 것이다. 이제
어린 학도로 하여금, 반드시 먼저 쇄소灑掃(물 뿌리고 쓸며 청소함)·응대應
對(대인관계에서의 예절 지킴)하든가, 진퇴進退(나아가고 물러섬)하는 가운데
예禮·악樂·사射·어御·서書·수數의 육예六藝의 학습들에 스스로 진력
함으로써, 자라난 뒤에는 '명덕'과 '신민'하는 일에 나아가 '지극히 선한
경지'에까지 가서 머물게 하려는, 이것이야말로 순서상 당연한 것이니,
어찌 불가하겠는가?"[23]

---

23) 『성학십도』, 「소학도」, "或問, 子方將語人以大學之道, 而又欲其考乎小學之書, 何也.
朱子曰, 學之大小, 固有不同, 然其爲道則一而已. 是以, 方其幼也, 不習之於小學, 則
無以收其放心, 養其德性, 而爲大學之基本. 及其長也, 不進之於大學, 則無以察夫義
理, 措諸事業, 而收小學之成功. 今使幼學之士, 必先有以自盡乎灑掃應對進退之間,

어떤 사람이 또 주희에게 "만일 나이로 봐서 이미 성장을 하였는데 공부가 되지 않은 사람은 어떻게 해야 하겠는가?"라고 물었다. 이에 주희는 이렇게 답하였다. "세월이 이미 지나간 것은 물론 뒤따라갈 수 없지만, 공부의 차례나 조목은 어찌 다시 보충하지 못하겠는가? 내가 듣기로는, '경이라는 한 글자는 성학의 시초와 종국을 성립시켜 주는 것'(敬之一字, 聖學之所以成始而成終者)이라 한다. 『소학』을 공부하는 사람이 이것을 기초로 하지 않으면, 참으로 본원을 함양하여 쇄소灑掃·응대應對·진퇴進退에 관한 법도 및 육예六藝의 가르침에 마음을 쓰지 못하게 된다. 『대학』을 공부하는 사람이 이것을 기초로 하지 않으면, 역시 총명을 개발하여 덕을 닦고 학업을 익히어 '명덕明德', '신민新民'의 공을 가져오지 못한다. 불행히도 때가 이미 지난 뒤에라도 배우는 사람들이 참으로 이것에 힘을 기울여 큰 것을 닦아 나아가게 되는 동시에 그 작은 것을 겸하여 보충할 수 있다면, 그 나아가게 하는 소이로서는 장차 근본이 없어서 스스로 도달하지 못 할까 하는 염려를 하지 않아도 될 것이다."[24]

삶에 있어 기초와 교양은 어린아이든 어른이든 모두에게 필요한 것이다. 그리고 빠뜨려선 안 될 것은 "'경'이라는 한 글자는 성학의 시초와 종국을 성립시켜 주는 것"(敬之一字, 聖學之所以成始而成終者)이라는 주희의 말이다.

퇴계는 이러한 주희의 말을 『성학십도』의 저변에 깔고 있다. 삶과 학문의 초보 단계인 유소년의 『소학』과 삶과 학문을 완성해야 할 대인의 『대학』에서는 말할 것도 없다.

禮樂射御書數之習, 俟其旣長, 而後進乎明德新民, 以止於至善, 是乃次第之當然, 又何爲不可哉."
24) 『성학십도』, 「소학도」, "曰, 若其年之旣長, 而不及乎此者, 則如之何. 曰, 是其歲月之已逝, 固不可追, 其功夫之次第條目, 豈遂不可得而復補耶? 吾聞敬之一字, 聖學之所以成始而成終者也. 爲小學者不由乎此, 固無以涵養本源, 而謹夫灑掃應對進退之節與夫六藝之敎. 爲大學者不由乎此, 亦無以開發聰明, 進德修業, 而致夫明德新民之功也, 不幸過時而後學者, 誠能用力於此, 以進乎大, 而不害兼補乎其小, 則其所以進者, 將不患其無本而不能以自達矣."

■ 제5도 「백록동규도」

『백록동규白鹿洞規』는 중국 강서성 성자현星子縣 여산廬山 기슭의 백
록동白鹿洞에 있는 백록동서원白鹿洞書院의 학자들에게 보여 주기 위하
여 주희가 지은 학규이다. 백록동서원은 주희가 남강군南康軍('軍'은 행
정 구역)의 지사가 된 뒤, 황폐해 버린 당唐나라 때의 서원을 부흥하여
강의를 한 곳이다.

주희가 지은『백록동규』는 백록동서원이라는 일종의 사립대학에서
마련한 교육 지표와 교육 방법을 설명해 놓은 것이다. 교육 지표로서는
중국 전통 시대의 윤리인 '오륜五倫'을 들었다. 오륜은 전통 사회에서
필요했던 공공 도덕 내지 윤리였다.

이해를 돕기 위해서 오륜의 '윤倫' 그리고 '윤리倫理'란 말을 먼저
언급해 두기로 한다.[25]

서양에서 '윤리'에 해당하는 영어의 에식스(ethics), 독일어의 에티크(ethik)는
원래 한 집단의 관습慣習, 습관習慣, 습속習俗을 의미하는 고대 그리스어
에토스(ethos)에서 유래하여 객관적인 사회 규범을 뜻하게 된 것이다. 그런
데 동양의 경우는 어떠한가? 윤리의 '윤倫'은 자의字義로 볼 때, 사람(亻/人)
과 윤侖 자의 결합으로 생긴 것이다. '윤'은 책(冊: 대나무 패[竹簡])과 그것을
덮은 글자, 즉 합合 자에서 입 구口가 빠진 모양인 '모으다'는 의미를 드러
내는 글자가 합성된 것이다. 그래서 '윤'은 '대나무 패를 가지런히 정리해
놓은 모습'을 나타낸다. 그렇다면 '윤'은 사람 인(亻) 변이 있는 것에서 '질

---

25) 이것은 아래의 내용을 정리한 것이다.
　　최재목, 「동양철학에서 보는 도덕·윤리 교육의 방향」,『철학비평』 제5호(부산: 세종
　　출판사, 2000. 11. 15), 48~51쪽.
　　최재목, 「인간 복제에 대한 유교의 입장」,『과학·종교·윤리의 대화』(최재천 엮음,
　　서울: 궁리, 2001), 341쪽.

서가 잘 잡힌 인간 관계'를 의미한다. 동시에 '윤'은 '무리'를 뜻하는 유類, 배輩, 군群과도 통한다. 무리가 있으면 관습, 습관, 습속을 통해서 자연스럽게 질서가 생겨나기 마련이다. 그래서 사실 '윤' 자는 이미 그 자체로서 조리條理, 리법理法을 의미하고 있다. '리理'는 원래 원리, 조리, 리법을 뜻한다. 이미 그 자체로도 조리, 리법을 의미하는 '윤' 자 뒤에 하필 리理 자가 붙은 것일까? 그것은 인간 관계에 질서가 잡히고 조리가 있는 것을 강조한 것이라 생각한다. 이렇게 해서 '윤리'는 '객관적인 사회 규범으로서의 인륜人倫의 리법, 원리'를 의미한다. 전통 사회에서 말하는 오륜은 당시 사회를 지탱하던 인륜의 리법이다. 다시 말하면 사람이 사람으로서 살아가는 데 필수적 기본적 원리들이다.

퇴계의 「백록동규도白鹿洞規圖」에는 교육 방법으로서 우선 박학博學(널리 배움), 심문審問(자세하게 물음), 신사愼思(신중하게 생각함), 명변明辯(분명하게 구별함)을 적고 이것을 사물의 이치를 탐구하는 이른바 연구 태도의 요체(窮理之要)라 하였다. 그리고 독행篤行(독실하게 행함)을 적고 그 속에 행동거지와 언행, 마음의 제어에 대한 여섯 구절을 제시한 뒤 그 둘씩을 묶어 각각 수신修身(몸을 닦음), 처사處事(일을 처리함), 접물接物(사물에 접함)의 요체라 하였다.

이 도에서 제시된 것은 학문, 수행의 장에서 이루어질 이론과 실천의 구체적 방법과 지침이다.

■ 제6도 「심통성정도」

제6도 「심통성정도心統性情圖」는 성학聖學을 배우는 당사자인, 도덕 주체로서의 인간 내부의 존재 양식(구조)을 구체적으로 논하는 것이다. 이것은 그 다음의 제10도에 이르기까지 마찬가지이다.

퇴계는 「심통성정도」에서, 우리가 마음을 수양하여 욕망, 감정에 얽매이거나 사로잡히지 않고 도덕적 이성적 마음이 제때에 제대로 발휘되어야 하는 마음의 컨트롤 매커니즘을 분석해 둔 것이다. 말하자면 평소 도덕적 의식을 체질화하여 항상 도덕적 행위, 활동을 하도록 각성시키는 것이다. 이것은 전통 사회의 교양 교육과 인격 및 윤리 교육의 기초 놓기에 해당한다. 스스로 자기 자신의 마음이 어떻게 움직이고 있고, 또한 그것을 잘 알아서 어떻게 통제해야 되는가를 분명히 알고 있으면 항상 도덕적 이성적 마음으로 살아갈 수 있다는 것이 이 도가 지향하는 내용이다.

그런데 인간의 마음이 항상 선으로만 표출되는 것은 아니다. 악, 욕망으로 편향하는 경향성이 있음을 부정할 수 없다. 우리는 늘 마음이 발동되는 바로 그 단계에서 이를 제어할 수밖에 없다. 선악이 갈리는 그 기미/기틀(幾)에서부터 마음을 다잡고 조심해야 하기에 퇴계는 '경을 지님'(持敬)을 중시한다. 이렇게 퇴계에 있어서 본능적 마음, 감정적 마음에서 도덕적 마음, 이성적 마음으로 이행되어 가는 공부의 근저에는 늘 '경敬'이 있었다.

■ 제7도 「인설도」

제2도 「서명도」에서는 리일(보편성)과 분수(개별성)를 매개하는 원리로서 인仁을 상정하였다. 그러나 그것은 매우 추상적이었다.

이 「인설도仁說圖」는 앞의 「태극도」, 「서명도」와 연관을 가지면서, 인仁을 '천지가 만물을 낳는(天地生物) 마음'으로 삼는 이론을 구체적으로 제시한다. 자연의 리법은 원형이정元亨利貞이고, 그것이 인간에 내재하여 인간의 원리로 된 것이 바로 인의예지仁義禮智의 사덕四德이다. 여기서 천인이 본래 원리적으로 하나로 합해 있고, 또한 그러기에 이러한 본래적 이념을 잘 인식하여 구체적으로 실현해 가도록 노력해야 한다는 이른바 천인합일天人合一의 사상이 나온다. 이 도에서 제시되는 천인합일 사상은 사실 제1도, 제2도의 논리적 기초를 이어받은 것이다.

그런데 사덕을 총괄하는 것은 그 처음에 오는 인仁이다. 이 인은 총괄적 의미의 인이다. 인 속에는 우주가 천지 만물을 낳는(天地生物) 원리가 내재해 있다. '낳는다'(生)는 것은 사랑하는 것(仁)의 핵심이다. 봄에 천지에 싹이 돋아나듯, 닭이 병아리를 날개 밑에 품듯, 어미가 자식을 껴안듯, '낳는 마음'은 '사랑하는 마음'의 근본이다.

퇴계가 「인설도」를 통해 이야기하고 싶었던 것은 '천지가 만물을 낳는 마음', 즉 천지 자연의 의지에 비유한 '(사람이) 사람을 생육生育하는 마음'이다. 사람을 생육하는 마음이란 통치자가 백성을 사랑으로 감싸 다스리는 일이다.

천지자연의 리법과 인간의 리법이 동일하다는 천인합일론의 거대한 구도를 깔고, 인간이 인간을 살려 내는 임무를 가진 자(통치자)가 지녀야 할 사랑의 철학을 명시하고 있다.

■ 제8도 「심학도」

이 도는 마음(心)을 다루고 있다는 점에서 앞의 「심통성정도」와 깊은 관련을 지닌다. 그런데 「심통성정도」가 인간의 마음이 어떻게 되어 있는가, 즉 '인간 마음의 존재 양식'(구조)을 다룬 것이라면 이 「심학도心學圖」는 마음의 수양에 대해 말한 고전의 내용들을 인용하여 설명하고 있다. 따라서 「심통성정도」가 마음의 '구조 분석'(즉 이론)에 대한 것이라면 「심학도」는 마음 수양의 '실제'를 명시한 것이다. 이 실제에서도 핵심은 '경敬'이다. 경을 중심으로 마음 수양의 실제가 설명되고 있는 것이다.

「심학도」에서 제시된 마음 수양의 실제는 '의식, 관념' 차원의 각성과 변용을 지향하는 데 머물지 않는다. 이런 내면적 마음의 변용을 통해서, 나아가서는 우리의 일상적 실제 생활에서 '욕망, 감정'이 절제되어 '도덕적, 이성적 마음'이 구체적으로 잘 발휘되는 데에 초점을 두고 있다.

사람의 마음이 선한, 이성적 본성에 따라 작용할 때에는 도심道心 즉 도덕적 본래적 마음이 된다. 그러나 이 도심도 인욕人欲에 따라 움직이기 쉬운, 현실적이고 구체적인 마음 즉 인심人心과 따로 떨어질 수 없다. 인심과 도심은 한 마음(一心)의 두 모습이다. 마음이란 한 지붕 밑에 붙어사는, 떨어질래야 떨어질 수 없는 두 가족이다. 따라서 이 인심을 잘 다스려서 도심으로 이끌고 가는 노력(공부, 수양)이 필요하다. 그러나 이 노력도 결국은 '경敬'을 떠나서는 있을 수 없는 것이다.

■ 제9도「경재잠도」와 제10도「숙흥야매잠도」

제9도「경재잠도敬齋箴圖」와 제10도「숙흥야매잠도夙興夜寐箴圖」는 '경敬'의 실천 단계에 필요한 구체적인 절목을 제시한 것이다.

유교를 공부하는 사람이 가져야 할 마음가짐과 몸가짐에 대한 핵심 내용들을 잠언 형식으로 요약한「경재잠도」는 '경'의 실천 장소를 말한 것이다. 집, 교실, 관공서 등과 같이 대상에 따라 마음이 향하는 그 해당 자리(장소)에서의 몸가짐, 마음가짐을 바로잡는 공부법을 말한다.「경재잠도」는 "옷과 모자를 단정히 입고 쓰며, 눈길을 바르게 앞으로 향해 봐야 한다. 마음을 가라앉히고 앉아서 위로 하느님(상제)을 대하듯이 해야 한다. 발은 무겁게 손은 공손히 가진다. 걸을 때는 잘 보고 딛고, 개미집도 밟지 말고 피해 간다"라는 말로 시작한다. 아, 정말로 아찔아찔한, 긴장된 삶의 모습이 상상된다. 퇴계가 말하고자 하는 '경'은 관념적인 것이 아니라 이렇게 또렷이 깨어 있는 생생한 마음의 현재 상태를 가리킨다.

유교를 공부하는 사람이 실천해야 할 경건한 삶을 묘사한「숙흥야매잠도」(숙흥야매는 일찍 일어나고 늦게 잠든다는 뜻)는 경을 행하는 '때'를 밝힌 것이다. 아침, 점심, 저녁, 새벽과 같이 시기, 시간에 따라 마음을 닦는 공부법을 말한 것이다. 이처럼「숙흥야매잠도」에서는 '아침에 일찍 일어나고, 저녁에 늦게 잠드는 사이[26]', 즉 지극히 일상적인 차원에서 성현과 대면하는 이른바 대월성현對越聖賢의 마음가짐으로 행동해야 함을 바라고 있다. 따라서 책을 읽을 때도 그 책 속에 나오는 과거의

---

26) 참고로, 고려말의 스님인 야운선사野雲禪師가 지은, 수행자의 몸가짐과 마음가짐을 열 가지로 경계하는 내용인「자경문自警文」의 다섯째 항에 보면 "삼경三更(오전 0~2시) 외에는 잠에 들지 마라"(除三更外 不許睡眠)고 되어 있다.

인물인 공자와 안자顔子, 증자曾子를 실제로 있는 듯이, 그들을 눈앞에 모시고 있듯이 공부를 하는 것이다. 아주 생생하게 깨어 있는 '또렷한 정신으로 책을 펴서 성현을 마주 대하여 성현의 말씀을 경청하고 실행하는 것은 일용日用에 힘쓰고 경외敬畏를 높이는 것(勉日用, 崇敬畏)' 바로 그것이었다.

이처럼 이 두 도를 통해서 퇴계는 '경'의 생활화를 생생하게 묘사하여 우리들의 흐리멍덩한 삶이 진정한 모습을 찾을 수 있기를 재촉한다.

퇴계의 『성학십도』는 '경'에서 시작하여 '경'으로 끝났다 해도 과언이
아니다. '경'을 중핵으로 하여 구조화되고 체계화된 『성학십도』는 바로
퇴계의 독자적인 사상 체계이고, 그가 만년에 구축한 장대한 유학의 세계
였다.

퇴계의 경의 철학, 즉 마음의 철학은 개념에만 사로잡힌 관념적인, 그
래서 죽은 철학이 아니다. 지금 생생하게 살아 움직이는 이 인간의 마음을
대상으로 하여 그것이 본래 있어야 할 모습으로 나아가도록 촉구한다.
퇴계의 이상적인 세계는 우리의 삶과 떨어진 것이 아니다. 바로 지금 여기
의 현실 세계에 발을 딛고 있는 것이다.

퇴계가 그린 그림은 『성학십도』라는 열 폭의 도로 간명하게 축약적으
로 나타나긴 했지만, 그 속에는 오랜 유학의 역사, 유학 내에서 있어 온
철학 사상의 역사, 다시 말해서 인간 지성사의 방대한 흔적이 고스란히
담겨 있다.

생각해 보면, 한 사회의 지성은 결국 책에서 나온다. 역사 속에서 지식
의 상징은 책이었다. 그래서 식견 있는 사회에서는 늘 책을 머리맡에 두어
왔다. 책을 발치에 두고 함부로 타 넘거나 밟는 일은 금기시되었다. 전통
사회에서 책은 삶의 길(道)이 들어 있는 그릇(器)이었다. 사람들은 책에서
독선 없는, 외롭지 않고(不孤) 근심 않는(不憂) 마음으로 길을 걷고자 했던
선인들의 뒤꿈치 · 발가락의 흔적을 보곤 했다. 거기에 실린 힘의 흔적을
스스로의 희망으로 삼아, 인간의 무늬(人之文) · 땅의 무늬(地之文) · 하늘의
무늬(天之文)를 분별해 가고자 했다. 그것이 바로 진정한 배움이었다.

독서와 고전을 경시 · 박대하는 사회는 막 벌어서 막 살려고 작정한 것
이나 다름없다. 이제 우리는 제대로 된 책읽기(讀書), 고전 읽기에 주목해

야 한다. 마치 괴테(Goethe, Johann Wolfgang von, 1749~1832)가 "항상 사람들은 '옛사람을 연구하라'라고 말한다. 그런데 그것은 '현실 세계에 주의하고 그것을 표현하도록 힘써라!'라는 말과 다를 바가 없다. 왜냐하면 옛사람도 그들의 생존 중에 그렇게 한 것이므로"라고 한 것처럼, 고전은 바로 지금·여기 우리의 현실을 위한 것이다. 더욱이 우리는, 외국의 고전도 중요하지만, 우리의 지성사에 빛을 발해 온 고전을 소중히 여기며 깊이 있고 새롭게 읽는 안목을 가져야 한다. 그것은 우리의 '오늘'을 위한 것일 뿐만 아니라 '내일'을 위한 준비이기 때문이다. 퇴계의 저작, 특히 그의 만년의 지성과 영혼이 녹아 있는 『성학십도』를 읽어야 할 이유도 여기에 있다.

과거 우리의 철학사상사에서 퇴계가 있었던 자리는 참으로 크다.

그런데 지금 그가 앉아서 공부하던 그 자리는 텅 비어 있다. 지금 이 자리에 앉아서, 퇴계가 그 당대에 인간과 사회, 국가 그리고 자연과 세계에 대해 고뇌했던 것처럼, 현재 우리가 껴안고 있는 문제를 진지하게 고민해 볼 사람은 누구인가.

퇴계가 학문에 열중했던 아래의 책상 앞에 한번 앉아서…….

도산서원에 보관된 서기書記*

---

* 이 서기書記는 옻칠이 된 검은 색의 작은 책상으로 퇴계가 직접 사용하던 것이다.

원전총서

박세당의 노자(新註道德經) 박세당 지음, 김학목 옮김, 312쪽, 13,000원
율곡 이이의 노자(醇言) 이이 지음, 김학목 옮김, 152쪽, 8,000원
홍석주의 노자(訂老) 홍석주 지음, 김학목 옮김, 320쪽, 14,000원
북계자의(北溪字義) 陳淳 지음, 김충열 감수, 김영민 옮김, 295쪽, 12,000원
주자가례(朱子家禮) 朱熹 지음, 임민혁 옮김, 496쪽, 20,000원
한시외전(韓詩外傳) 韓嬰 지음, 임동석 역주, 868쪽, 33,000원
서경잡기(西京雜記) 劉歆 지음, 葛洪 엮음, 김장환 옮김, 416쪽, 18,000원
고사전(高士傳) 皇甫謐 지음, 김장환 옮김, 368쪽, 16,000원
열선전(列仙傳) 劉向 지음, 김장환 옮김, 392쪽, 15,000원
열녀전(列女傳) 劉向 지음, 이숙인 옮김, 447쪽, 16,000원
선가귀감(禪家龜鑑) 청허휴정 지음, 박재양 · 배규범 옮김, 584쪽, 23,000원
공자성적도(孔子聖蹟圖) 김기주 · 황지원 · 이기훈 역주, 254쪽, 10,000원
공자세가 · 중니제자열전(孔子世家 · 仲尼弟子列傳) 司馬遷 지음, 김기주 · 황지원 · 이기훈 역주, 224쪽, 12,000원

성리총서

범주로 보는 주자학(朱子の哲學) 오하마 아키라 지음, 이형성 옮김, 546쪽, 17,000원
송명성리학(宋明理學) 陳來 지음, 안재호 옮김, 590쪽, 17,000원
주희의 철학(朱熹哲學研究) 陳來 지음, 이종란 외 옮김, 544쪽, 22,000원
양명 철학(有無之境 − 王陽明哲學的精神) 陳來 지음, 전병욱 옮김, 752쪽, 30,000원
주자와 기 그리고 몸(朱子と氣と身體) 미우라 구니오 지음, 이승연 옮김, 416쪽, 20,000원
정명도의 철학(程明道思想研究) 張德麟 지음, 박상리 · 이경남 · 정성희 옮김, 272쪽, 15,000원
주희의 자연철학 김영식 지음, 576쪽, 29,000원
송명유학사상사(宋明時代儒學思想の研究) 구스모토 마사쓰구(楠本正繼) 지음, 김병화 · 이혜경 옮김, 602쪽, 30,000원
북송도학사(道學の形成) 쓰치다 겐지로(土田健次郎) 지음, 성현창 옮김, 640쪽, 3,2000원

불교(카르마)총서

불교와 인도 사상 V. P. Varma 지음, 김형준 옮김, 361쪽 10,000원
파란눈 스님의 한국 선 수행기 Robert E. Buswell · Jr. 지음, 김종명 옮김, 376쪽, 10,000원
학파로 보는 인도 사상 S. C. Chatterjee · D. M. Datta 지음, 김형준 옮김, 424쪽, 13,000원
불교와 유교 ― 성리학, 유교의 옷을 입은 불교 아라키 겐고 지음, 심경호 옮김, 526쪽, 18,000원
유식무경, 유식 불교에서의 인식과 존재 한자경 지음, 208쪽, 7,000원
박성배 교수의 불교철학강의: 깨침과 깨달음 박성배 지음, 윤원철 옮김, 313쪽, 9,800원
불교 철학의 전개, 인도에서 한국까지 한자경 지음, 252쪽, 9,000원
인물로 보는 한국의 불교사상 한국불교원전연구회 지음, 388쪽, 20,000원

노장총서

도가를 찾아가는 과학자들 ― 현대신도가의 사상과 세계(當代新道家) 董光璧 지음, 이석명 옮김, 184쪽, 5,800원
유학자들이 보는 노장 철학 조민환 지음, 407쪽, 12,000원
노자에서 데리다까지 ― 도가 철학과 서양 철학의 만남 한국도가철학회 엮음, 440쪽, 15,000원
위진 현학 정세근 엮음, 278쪽, 10,000원
이강수 교수의 노장철학이해 이강수 지음, 462쪽, 23,000원
이강수 읽기를 통해 본 노장철학연구의 현주소 이강세 외 지음, 348쪽, 18,000원
不二 사상으로 읽는 노자 ― 서양철학자의 노자 읽기 이찬훈 지음, 304쪽, 12,000원
김항배 교수의 노자철학 이해 김항배 지음, 280쪽, 15,000원

강의총서

김충열교수의 유가윤리강의 김충열 지음, 182쪽, 5,000원
김충열교수의 노장철학강의 김충열 지음, 336쪽, 7,800원
김충열교수의 노자강의 김충열 지음, 434쪽, 20,000원

한국철학총서

조선 유학의 학파들 한국사상사연구회 편저, 688쪽, 24,000원
실학의 철학 한국사상사연구회 편저, 576쪽, 17,000원
윤사순 교수의 한국유학사상론 윤사순 지음, 528쪽, 15,000원
한국유학사 1 김충열 지음, 372쪽, 15,000원
퇴계의 생애와 학문 이상은 지음, 248쪽, 7,800원
율곡학의 선구와 후예 황의동 지음, 480쪽, 16,000원
圖로 보는 한국 유학 한국사상사연구회 지음, 400쪽, 14,000원
다카하시 도루의 조선유학사 ― 일제 황국사관의 빛과 그림자 다카하시 도루 지음, 이형성 편역, 416쪽, 15,000원
퇴계 이황, 예 있고 뒤를 열어 고금을 꿰뚫으셨소 ― 어느 서양철학자의 퇴계연구 30년 신귀현 지음, 328쪽, 12,000원
조선유학의 개념들 한국사상사연구회 지음, 648쪽, 26,000원
성리학자 기대승, 프로이트를 만나다 김용신 지음, 188쪽, 7,000원
유교개혁사상과 이병헌 금장태 지음, 336쪽, 17,000원
남명학파와 영남우도의 사림 박병련 외 지음, 464쪽, 23,000원
쉽게 읽는 퇴계의 성학십도 최제목 지음, 152쪽, 7,000원
홍대용의 실학과 18세기 북학사상 김문용 지음, 288쪽, 12,000원
남명 조식의 학문과 선비정신 김충열 지음, 512쪽, 26,000원
명재 윤증의 학문연원과 가학 충남대학교 유학연구소 편, 320쪽, 17,000원

연구총서

논쟁으로 보는 중국철학 중국철학연구회 지음, 352쪽, 8,000원
김충열 교수의 중국철학사 1 ― 중국철학의 원류 김충열 지음, 360쪽, 9,000원
논쟁으로 보는 한국철학 한국철학사상연구회 지음, 326쪽, 10,000원
반논어(論語新探) 趙紀彬 지음, 조남호 · 신정근 옮김, 768쪽, 25,000원
논쟁으로 보는 불교철학 이효걸 · 김형준 외 지음, 320쪽, 10,000원
중국철학과 인식의 문제(中國古代哲學問題發展史) 方立天 지음, 이기훈 옮김, 208쪽, 6,000원
문제로 보는 중국철학 ― 우주, 본체의 문제(中國古代哲學問題發展史) 方立天 지음, 이기훈 · 황지원 옮김, 232쪽, 6,800원
중국철학과 인성의 문제(中國古代哲學問題發展史) 方立天 지음, 박경환 옮김, 191쪽, 6,800원
중국철학과 지행의 문제(中國古代哲學問題發展史) 方立天 지음, 김학재 옮김, 208쪽, 7,200원
현대의 위기 동양 철학의 모색 중국철학회 지음, 340쪽, 10,000원
역사 속의 중국철학 중국철학회 지음, 448쪽, 15,000원
일곱 주제로 만나는 동서比교철학(中西哲學比較面面觀) 陳衛平 편저, 고재욱 · 김철운 · 유성선 옮김, 320쪽, 11,000원
중국철학의 이단자들 중국철학회 지음, 240쪽, 8,200원
공자의 철학(孔孟荀哲學) 蔡仁厚 지음, 천병돈 옮김, 240쪽, 8,500원
맹자의 철학(孔孟荀哲學) 蔡仁厚 지음, 천병돈 옮김, 224쪽, 8,000원
순자의 철학(孔孟荀哲學) 蔡仁厚 지음, 천병돈 옮김, 272쪽, 10,000원
서양문학에 비친 동양의 사상 한림대학교 인문학연구소 엮음, 360쪽, 12,000원
유학은 어떻게 현실과 만났는가 ― 선진 유학과 한대 경학 박원재 지음, 218쪽, 7,500원
유교와 현대의 대화 황의동 지음, 236쪽, 7,500원
동아시아의 사상 오이환 지음, 200쪽, 7,000원
역사 속에 살아있는 중국 사상(中國歷史に生きる思想) 시게자와 도시로 지음, 이혜경 옮김, 272쪽, 10,000원
덕치, 인치, 법치 ― 노자, 공자, 한비자의 정치 사상 신동준 지음, 488쪽, 20,000원
육경과 공자 인학 남상호 지음, 312쪽, 15,000원
리의 철학(中國哲學範疇精髓叢書 ― 理) 張立文 주편, 안유경 옮김, 524쪽, 25,000원
기의 철학(中國哲學範疇精髓叢書 ― 氣) 張立文 주편, 김교빈 외 옮김, 572쪽, 27,000원

역학총서

주역철학사(周易研究史) 廖名春 · 康學偉 · 梁韋弦 지음, 심경호 옮김, 944쪽, 30,000원
주역, 유가의 사상인가 도가의 사상인가(易傳與道家思想) 陳鼓應 지음, 최진석 · 김갑수 · 이석명 옮김, 366쪽, 10,000원
송재국 교수의 주역 풀이 송재국 지음, 380쪽, 10,000원

퇴계원전총서

고경중마방古鏡重磨方 ― 퇴계 선생의 마음공부 이황 편저, 박상주 역해, 204쪽, 12,000원
활인심방活人心方 ― 퇴계 선생의 마음으로 하는 몸공부 이황 편저, 이윤희 역해, 308쪽, 16,000원

일본사상총서

일본 신도사(神道史) 무라오카 츠네츠구 지음, 박규태 옮김, 312쪽, 10,000원
도쿠가와 시대의 철학사상(德川思想小史) 미나모토 료엔 지음, 박규태・이용수 옮김, 260쪽, 8,500원
일본인은 왜 종교가 없다고 말하는가(日本人はなぜ 無宗教なのか) 아마 도시마로 지음, 정형 옮김, 208쪽, 6,500원
일본사상이야기 40(日本がわかる思想入門) 나가오 다케시 지음, 박규태 옮김, 312쪽, 9,500원
사상으로 보는 일본문화사(日本文化の歴史) 비토 마사히데 지음, 엄석인 옮김, 252쪽, 10,000원
일본도덕사상사(日本道德思想史) 이에나가 사부로 지음, 세키네 히데유키・윤종갑 옮김, 328쪽, 13,000원
천황의 나라 일본 ― 일본의 역사와 천황제 고토 야스시 지음, 이남희 옮김, 312쪽, 13,000원

예술철학총서

중국철학과 예술정신 조민환 지음, 464쪽, 17,000원
풍류정신으로 보는 중국문학사 최병규 지음, 400쪽, 15,000원
율려와 동양사상 김병훈 지음, 272쪽, 15,000원

동양문화산책

공자와 노자, 그들은 물에서 무엇을 보았는가 사라 알란 지음, 오만종 옮김, 248쪽, 8,000원
주역산책(易學漫步) 朱伯崑 외 지음, 김학권 옮김, 260쪽, 7,800원
공자의 이름으로 죽은 여인들 田汝康 지음, 이재정 옮김, 248쪽, 7,500원
동양을 위하여, 동양을 넘어서 홍원식 외 지음, 264쪽, 8,000원
서원, 한국사상의 숨결을 찾아서 안동대학교 안동문화연구소 지음, 344쪽, 10,000원
녹차문화 홍차문화 츠노야마 사가에 지음, 서은미 옮김, 232쪽, 7,000원
거북의 비밀, 중국인의 우주와 신화 사라 알란 지음, 오만종 옮김, 296쪽, 9,000원
문학과 철학으로 떠나는 중국 문화 기행 양회석 지음, 256쪽, 8,000원
류짜이푸의 얼굴 찌푸리게 하는 25가지 인간유형 류짜이푸(劉再復) 지음, 이기면・문성자 옮김, 320쪽, 10,000원
안동 금계마을 ― 천년불패의 땅 안동대학교 안동문화연구소 지음, 272쪽, 8,500원
안동 풍수 기행, 와혈의 땅과 인물 이완규 지음, 256쪽, 7,500원
안동 풍수 기행, 돌혈의 땅과 인물 이완규 지음, 328쪽, 9,500원
영양 주실마을 안동대학교 안동문화연구소 지음, 332쪽, 9,800원
예천 금당실・맛질 마을 ― 정감록이 꼽은 길지 안동대학교 안동문화연구소 지음, 284쪽, 10,000원
터를 안고 仁을 펴다 ― 퇴계가 굽어보는 하계마을 안동대학교 안동문화연구소 지음, 360쪽, 13,000원
안동 가일 마을 ― 풍산들가에 의연히 서다 안동대학교 안동문화연구소 지음, 344쪽, 13,000원
중국 속에 일떠서는 한민족 ― 한겨레신문 차한필 기자의 중국 동포사회 리포트 차한필 지음, 336쪽, 15,000원
고려시대의 안동 안동시・안동대학교 안동문화연구소 편, 448쪽, 17,000원

민연총서 ― 한국사상

자료와 해설, 한국의 철학사상 고려대 민족문화연구원 한국사상연구소 편, 880쪽, 34,000원
여헌 장현광의 학문 세계, 우주와 인간 고려대 민족문화연구원 한국사상연구소 편, 424쪽, 20,000원
퇴옹 성철의 깨달음과 수행 ― 성철의 선사상과 불교사적 위치 조성택 편, 432쪽, 23,000원
여헌 장현광의 학문 세계 2, 자연과 인간 고려대 민족문화연구원 한국사상연구소 편, 432쪽, 25,000원

예문동양사상연구원총서

한국의 사상가 10人 ― 원효 예문동양사상연구원/고영섭 편저, 572쪽, 23,000원
한국의 사상가 10人 ― 의천 예문동양사상연구원/이병욱 편저, 464쪽, 20,000원
한국의 사상가 10人 ― 지눌 예문동양사상연구원/이덕진 편저, 644쪽, 26,000원
한국의 사상가 10人 ― 퇴계 이황 예문동양사상연구원/윤사순 편저, 464쪽, 20,000원
한국의 사상가 10人 ― 남명 조식 예문동양사상연구원/오이환 편저, 576쪽, 23,000원
한국의 사상가 10人 ― 율곡 이이 예문동양사상연구원/황의동 편저, 600쪽, 25,000원
한국의 사상가 10人 ― 하곡 정제두 예문동양사상연구원/김교빈 편저, 432쪽, 22,000원
한국의 사상가 10人 ― 다산 정약용 예문동양사상연구원/박홍식 편저, 572쪽, 29,000원
한국의 사상가 10人 ― 혜강 최한기 예문동양사상연구원/김용헌 편저, 520쪽, 26,000원
한국의 사상가 10人 ― 수운 최제우 예문동양사상연구원/오문환 편저, 464쪽, 23,000원